복 지 개 혁 론

김 영 모

고 헌

2017

머 리 말

저자는 1960년대와 1970년대 학회지와 월간지 등에 사회적 발언을 많이 하였다. 그러나, 1980년대는 사회복지학계가 대단히 부진하여 이의 쇄신과 발전을 위하여 노력하였다. 당시 복지사업계는 물질적인 구빈사업에 빠져 있고 복지학회는 현실치유에 동 떨어진 미국식 사회사업이론(사회심리서비스)이 지배하여 있었다.[1] 그래서 저자는 사회복지의 개념을 공적인 사회정책과 사적인 사회사업의 통합 개념으로 보았다.

이러한 문제를 개혁하기 위하여 먼저 1976년 여름 '한국사회사업대학협의회'의 결의로 전국 사회사업학과를 사회복지학과로 개칭하였고, 또한 1985년 '한국사회복지학회'를 동지들과 함께 창립하여, 그간 유명무실하였던 '한국사회사업학회'를 통합하였다.[2] 나아가 '사회복지정책학회', '지역사회복지학회', '영유아보육학회'와 같은 전문학회를 창립하였다. 그리고 지속적 학풍쇄신과 정책개발 및 후학양성을 위하여 우리는 1980년 7월 '한국복지정책연구소'(사단법인)를 창설하였다. 지난 50여년 간 전문학술지인 '사회정책연구'를 발행하여 복지개혁을 위한 사회적 발언을 지속하였다.

한편, 사회복지분야의 전문직업성을 제고하기 위하여, '한국사

1) 김영모, 「자주적 사회복지론」 제 1편, 한복연 출판부, 2003 참조
2) 김영모, 「대학교수 40년」 Ⅰ-2, Ⅱ-1, 인간과 복지, 2003 참조

회복지대학협의회'를 통하여 행정고시(5급) 사회직과 사회복지전문요원을 선발할 수 있도록 건의(조치)를 하였으며, 사회복지별정직 공무원을 일반직화 시키고 사회복지시설에 사회복지사를 의무적으로 채용하도록 관련법령 개정에 기여하였다.[3] 그러한 결과 지난 50여년 간 많은 사회복지학과와 전문학회가 창설되고, 많은 전문기관과 협의체가 설립되어 복지한국의 앞날을 밝게 하였다.

저자가 창립한 전문학회의 학술지와, '한국복지정책연구소'가 지난 56년 간 「사회정책연구」 지를 정기적으로 발행하면서 저자가 쓴 '머리말'을 꾸준히 게재하였다. 이러한 머리말에서 당시의 사회복지의 과제가 무엇인지 알 수 있겠고, 동시에 그 발행의 동기와 내용을 알 수 있을 것 같아서 이것을 모아 「복지개혁론」 이란 단행본을 간행하게 되었다. 마치 사회복지개혁사를 보는 것 같다.

본 서를 발행하기 위하여 논문수집과 편집에 수고하여 준 이지은 양과 정새롬 양에게 깊이 감사한다.

---

3) 상게서, Ⅲ-4 참조

복 지 개 혁 론

목 차

I. 복지이론 정립

사회정책이란 무엇인가?

이 책은 Richard M.Titmuss가 영국 런던 경제학부에서 행한 사회정책의 강의 노트를 번역한 것이다. 이 강의 노트는 그의 사후 Brian Abel-Smith와 Kay Titmuss가 편집하여 1974년에 출판되었다.

Titmuss는 영국 뿐만 아니라 미국과 그 밖의 여러 나라에서도 널리 알려진 유명한 학자이다. 그는 많은 책과 논문을 발표하였는데 특히 「헌혈관계」(*The Gift Relationship,* 1970), 「복지국가 개입(*Commitment to Welfare,* 1986), 「복지국가론」(*Essay on 'the Welfare State,* 1958), 「소득분배와 사회변동」(*Income Distribution and Social Change,* 962) 등은 매우 알려진 책들이다. 그의 책에서 알 수 있듯이 그는 경험주의적 · 실용주의적인 복지관을 지니고 있다. 이것은 영국 복지국가의 설립자들이라고 말할 수 있는 Booth, Rowntree, Webb부인, Beveridge, Kay-Shuttlworth, John Simon 등 영국 공리주의적 · 실용주의 학풍의 전통을 이어받고 있다. 이들은 사회조사와 개혁의 전통을 형성하고 이들 주요한 관심은 사회복지제도에 대한 지식이 아니고, 오히려 원인 또는 무주택과 같이 특수한 사회문제의 성질을 이해하는 데 있었다. 다시 말하면 복지에 대한 연구가 · 사회개량주의적 · 개입주의적 관점에 의해서 접근하고 있다. 그러한 결과 사회정책을 사회행정으로 보는 경향이 있다.

이러한 사회정책관을 가지게 된 것은 Beveridge와 Titmuss의 경력에서 찾아 볼 수 있는 바와 같이 오랜 복지정책의 경험에서 나온 것 같다. Titmuss도 젊을 때는 주 화재보험청에서 20여년 이상 관리생활을 하였고 1950년 그의 나이 42세에 비로소 대학교수 생활을 시작하였다. 그는 아무런 학위도 없지만 1950년에 발간한 「사회정책문제」(Problem of Social Policy)란 저자로 런던 경제학부의 사회과학과의 주임교수로 임명되었고 1951년에 사회행정학과로 개칭하여 사회행정가와 사회사업가를 위한 전문교육과정을 개설하였다.

그가 65세에 운명하기 까지 많은 단편의 논문을 발표하였지만, 이 책만큼 그의 복지관과 정책이론을 포괄적으로 이해하는데 도움이 되는 것이 없으며, 이 책은 영국의 전형적인 사회정책이론을 보여 주고 있다.

Titmuss는 이 책에서 사회봉사, 사회복지 및 사회정책의 개념을 소개하고 사회문제를 조성하는, 광범위한 사회적·의료적·경제적 변화를 지적하며 다양한 해결책의 의미를 분석하고 있다. 또한 사회적 욕구를 해결하기 위한 '메카니즘'으로서 법원과 민간보험의 한계성을 지적하고 대중정부와 대중시장, 공정과 평등, 이타심과 이기심간 가치선택의 자세를 취하고 있다. 특히 오늘날 서구사회가 직면한 사회정책의 문제와 갈등이 무엇인가를 이해하는데 큰 도움이 된다.

< 출처 >「사회정책개론」(역서) 머리말, 일조각 (1980. 1)

복지국가와 복지사회는 무엇인가?

이 책은 런던대학교의 명예 행정학교수인 William A. Robson의 「복지국가와 복지사회」(Welfare State and Society, 1977)이라는 책을 번역한 것이다. 이 책은 1976년에 처음 발간되었지만, 다음 해에 재판을 내놓아야 할 정도로 인기가 높은 책이다. 지금까지 복지국가 또는 복지사회에 대한 책이 여러 권 나왔지만, 이 책처럼 포괄적으로 많은 주제와 많은 학자들의 견해를 종합·비판하면서 자기 나름의 견해를 소개한 저서가 없었다.

Robson교수는 기존 복지국가의 개념이 봉사국가의 개념으로 인식된데 대하여 비판하고, 봉사의 주요한 영역이었던 소득·교육·보건·주택 이외에도 환경·오락·체육 까지 복지국가의 개념에 포함시킬 것을 주장한다. 따라서 종래의 복지국가가 주로 관심을 기울였던 요구호자와 비특권자를 도와 주는 것이라는 개념에서 탈피하여 국민 전체의 행복과 관련되어야 한다고 주장한다. 그는 영국이 복지국가임을 인정하면서도, 다른 나라의 경우와 비교·검토하면서 많은 회의를 나타내고 있다. 특히 영국을 시끄럽게 하는 각종 노동쟁의에 대하여 비판적이고, 오히려 스웨덴과 일본의 경우를 부러워하는 듯하다. 영국의 공공정책을 검토하면서 이것은 국민이 느끼고 생각하며 행동하는 것과는 거리가 멀다고 지적한다.

그는 또한 이 책에서 복지국가와 복지사회를 구별하고, 복지국가에 대한 많은, 특히 영국의 학자 및 좌·우익 정치가들의 견해를 소개하면서 그들의 대부분이 경험의 세계에서 이론 또는 정책을 형성하지 못하고 사상의 세계에서 맴돌았다고 비판한다. 그러한 견해 중에서 복지국가의 새로운 개념, 철학 및 정책이 많이 지적되고 있지만, 무엇보다도 국민의 도덕성과 정부의 종합계획성을 강조하고 있다. 그의 견해는 현실적 신보수주의 이지만, 이 책에서 그는 지금까지 개진된 복지국가의 이론과 사상 및 정책에 대한 많은 전문가의 견해를 소개하고 있기 때문에 우리는 복지국가의 건설을 위한 많은 착상을 얻을 수 있을 것이다.

최근 우리나라에서도 복지국가 또는 복지사회에 대한 국민의 관심과 요구가 높아지고 있다. 복지국가를 건설하기 위하여 우리는 어떠한 방향으로 나아가야 되겠는가에 대하여 이 책은 많은 교훈과 암시를 줄 것으로 생각된다. 우리는 시행착오를 해서도 아니 되겠고, 우리의 요구와 실정에 알맞는 복지국가를 만들어야 할 것이다.

이러한 뜻에서 복지국가를 일찍이 실험하여 온 영국의 경험을 배우는 것이 현명하다. 그러므로 이 책은 이 분야의 전문가뿐만 아니라 정치가, 행정가, 사회과학자, 사회사업가, 지식인, 대학생은 물론 일반 대중이라도 복지에 관심이 있는 분이면 누구나 한 번 읽어 볼 가치가 충분히 있는 책이다.

< 출처 >「복지국가와 복지사회」 역서, 머리말, 경문사, (1979)

자주적 사회복지교육이 필요하다.

우리나라 사회복지사업은 아시다시피 발전 초기에 있다. 사회복지의 이론과 실제의 양면에 있어서 아직 초기 상태에 놓여 있다. 10여년전 한국사회사업학회가 창립되어 있으나 그 동안 활동이 거의 없었다.

우리나라의 경우, 4년제 대학과정에서 전문교육이 존재할지라도 그것은 기술론적 사회복지를 위주로 하고 있다. 사회복지에 대한 전문교육의 내용은 실제 사회복지사업의 내용과는 그 거리가 대단히 멀다. 다시 말하면, 대학에서는 미국에서 발달한 전문사회사업 교육을 실시하고 있으나마, 우리나라 사회사업기관에서는 전쟁 고아와 이천 영세민 보호를 위한 구호사업을 행하고 있다.

전문사회사업은 공업화된 사회에 있어서는 중요한 사회문제인 인간의 퍼스널리티와 환경부적응 문제를 그 주요 대상으로 하고 있으나 우리나라를 비롯한 후진국가에 있어서는 그러한 인간한계에서 일어난 문제보다도 사회제도의 결함, 특히 빈곤에서의 초래된 사회문제가 사회복지의 기본과제로 되어 있다.

그리하여 이러한 문제에 대처하는 방법으로서, 전자의 경우 전문적 사회사업의 기술이 효과적이겠지만 후자의 경우, 정책적 접근방법이 보다 효과적일 것이다. 따라서 우리나라의 현실에 알맞은 사회복지 교육 방향이 설정되어야 한다. 물론 기술론적 사회복지가 기초할 수 있는 여건이 없다는 것은 아니다.

이와 같이 후진국가 사회사업의 연구영역(대상과 방법)은 선진국가의 경우와 비교하여 보면, 대단히 상이함에도 불구하고 대학에서의 전문 교육은 현실과는 거리가 먼 것을 가르치고 있다. 이러한 사회복지의 교육과 현실, 이론과 실제 간의 괴리에 대한 반성이 필요하다.

해방이후 특히 6·25 동란을 계기로 발달하게 된, 우리나라의 사회복지사업은 고아원과 도시영세민을 위한 구호사업중심이다. 이것은 우리나라의 사회경제적 조건의 특수성, 특히 빈곤에서 기인된 것이지만, 이에 대한 평가연구도 전혀 되어있지 않다. 더욱이 사회복지사업의 대상(요보호자)에 대한 실태조사도 제대로 되어 있지 못한 형편이다. 이러한 문제점을 해결하기 위하여 과학적인 조사연구가 시급하리라 생각한다. 사회복지에 대한 과학적 인식이 없이, 그리고 이것을 기초로 한 계획과 치료 대책이 없이는 과학적이고 체계적인 복지활동을 전개할 수 없다. 종래의 주먹구구식 사회복지사업은 지양되어야 한다.

전문적 사회사업가는 항상 전문적 지식과 기술 및 양심을 습득하기 위하여 노력하여야 한다. 대학과정의 짧은 교육기간이나마 스스로 사회복지의 문제점을 발견하고, 이를 해결할 수 있는 능력을 체득하여 사회에 나가 주었으면 하는 마음이 간절하다. 비록 그러한 능력을 충분히 갖추지 못하였다 하더라도 그러한 마음의 자세라도 가졌으면 좋으리라 생각한다.

< 출처 > 중앙대학교 사회사업학회 창간호,「사회복지연구」발간사(1966)

'한국사회복지학회'를 왜 창립하였는가.

우리는 지난 해 사회복지학회를 창립하였다. 본 학회를 창립한 동기는 온 국민이 복지국가의 건설을 염원하고 정부에서도 복지사회의 건설을 국정지표로 내세웠지만 그것을 제대로 발전시키지 못하고 있었기 때문에 이러한 역사적 과제를 풀어보는데 기여하기 위한 것이다.

우리나라에 참된 복지국가가 나타나지 못한 것은 여러 가지의 요인이 있다. 그 중에서 지나치게 사회에 만연되어 있는 개인주의적 기풍과 이것을 극복하려는 인도주의적 노력이 피약했기 때문이 아닌가 생각한다. 사회의 지도자 뿐만 아니라 국민의 대다수가 그러한 사회의식을 지니고 있다. 이러한 사회의식을 개선하고 정책적 노력을 기울이기 위하여서는 학자들에 의해서만 해결될 수 있는 것이 아니고 각 계의 지도자 특히, 정치인·행정가·전문가들의 협동적 노력에 의하여 성취될 수 있을 것이다.

우리 사회에 지난 25여년 간 일어났던 급속한 사회변화로 기존의 공동체적 결속이 거의 해체되어 가는 실정이라서 이것을 대치하기 위한 사회제도를 우리 스스로 만들지 않으면 안될 것이다.

해방 후 40여년 간 우리나라에 수용된 사회복지학은 비자주적 성격이 대단히 강했다. 6.25 전란으로 말미암은 외원과 더불어 미국적 사회복지 개념이 우리나라 사회사업, 학계의 그 주류를 이루다시피 행정가와 전문가로부터 경시되어 왔다. 사실 그러한 방법론은 우리의 사회적 요구와 문제를 해결하는 데 유용하지 못하였다. 그러나 많은 전문가의 노력에 의하여 80년대 부터는 우리의 자주적 사회복지학을 형성하기 위한 노력이 나타나기 시작하였다. 이것은 복지사회 건설의 요청이고 해방 후 세대의 자주적 동기에서 나온 것이 아닌가 생각한다.

그리하여 우리는 우리 사회에 존재해 온 기존제도의 결함이 무엇이고 국민의 요구가 무엇인지를, 그리고 그것을 해결하기 위한 방안이 무언인 가를 이론적으로나 정책으로 탐구하려고 한다. 아무리 좋은 정치적 슬로건이라 할지라도 그것의 효율적 실천방안이 따르지 않으면 국민을 실망시키고 그것이 새로운 불만이 될 수 있는 것이다. 그것의 단적인 예가 80년대 초에 있었던 복지사회건설의 국정지표라고 말할 수 있을 것 같다.

이러한 상황에서 복지국가를 구현하기 위한 노력을 하겠다는 것은 선구자적 사명감이 없이는 불가능하리라고 생각한다. 사실 선구자가 따로 있는 것이 아니라 바로 복지전문가가 가장 현실적인 구세주라고 본다.

우리는 이러한 사명감에서 한국사회복지학회를 창설하게 되었고 어려운 조건에서도 우리의 학문적 노력을 경주·확산 시키려고 한다.

< 출처 > 한국사회복지학회 창간호 「한국사회복지학」 발간사 (1986. 5)

'한국사회복지학회'는 '한국사회사업학회'를 통합하였다.

정부는 최근 국민복지 3대 정책을 발표하였다. 국민복지 3대 정책은 1988년에 실시하려는 국민연금제도 그리고 지역의료보험을 말한다. 이러한 복지제도는 때 늦은 감이 있으나 매우 환영할 만한 것이다. 이러한 것을 보면 이제는 정부도 사회복지에 대한 이해가 치료사업보다도 예방사업으로써 사회보장제도를 확충하겠다는 의지를 지니고 있는 것 같다.

이러한 제도를 시행하는 과정에서 잘못된 정책 입안이 오히려 후진국형과 마찬가지로 비복지제도로 둔갑할 가능성이 있다. 다시 말하면 사회보험제도가 가난한 사람을 위한 것이 되지 못하고 우리나라 의료보험처럼 소득재분배의 역진성을 초래하고 있기 때문에 이러한 복지정책을 올바르게 추진하도록 전문가들은 감시하고 바람직한 정책을 개발 · 건의할 필요성이 있다.

한편, 사회적 물의를 빚고 있는 부랑인 보호사업의 경우에서 보는 바와 같이 우리는 사회복지의 전문화를 가일층 요구할 필요성이 있다. 이미 그 문제점이 노출된 바와 같이 부랑인 보호사업의 입소 · 수용 및 퇴소과정에 있어서 전문적 사회복지 전달체계와 전문가의 개입이 부재함으로써 야기된 엄청난 낭비와 인권문제가 존재하고 있음을 여실히 알 수 있다. 지금까지 우리나라 사회복지 사업에 있어서 가장 지배적이고 전형적이었던 시설보호사업의 문제점이 그대로 부각되었기 때문에 이번의 사건을 계기로 우리나라 사회복지사업의 전문화가 요청되고 있다. 또한 예방사업으로써 가족복지와 사회보장제도가 그 기능을 제대로 발휘되지 못함으로써 야기된 것이라고 하지 않을 수 없다. 따라서 우리는 사회복지 발전을 위하여 이론과 정책의 전문적인 탐구 뿐만 아니라 이의 효과적인 실천을 위한 노력을 게을리해서는 안되겠다.

최근 사회복지학계에서는 전문가들의 학술적 연구와 토론을 위한 모임을 통합하기 위한 요구가 증대되었다. 우리 학회가 창립된 후 종전의 한국사회사업학회도 우리와 같은 학회명으로 개칭함으로써 많은 오해가 생기게 되어 양 학회는 지난 해 통합하기로 합의를 보았고 그러한 노력의 일환으로써 본 학회가 주관이 되어 지난해 추계합동 연구발표 및 학술토론회를 개최한 바 있다.

이번 학계에서는 회원들의 연구논문도 게재하였지만, 지난 해 춘계·추계 연구발표 및 학술토론회의 결과를 다 함께 게재하였다.

< 출처 > 한국사회복지학회, 「한국사회복지학」 2집 머리말 (1987. 3)

IMF사태는 새로운 구빈사업을 일으켰다.

최근 IMF 사태로 온 국민이 심한 고생을 하고 있다. 1인당 국민소득이 1만 달러가 넘었다는 허의의식에 사로 잡혀 행복감에 젖어 있었으나, IMF 사태로 며칠 사이에 GNP가 6천 달러가 되었고 국부의 급속한 하락과 약 2백만명의 대량실업이 나타나게 되었다. 그동안 정부는 1만 달러 국민소득이라는 장미빛 허의의식을 지속하기 위하여 결국 외환 보유액 약 300억 달러를 탕진하였던 것이다.

이러한 탕진은 한국 자본주의의 구조적 취약성과 이것을 미끼로 한 정경유착에서 가능하였던 것이다. 다시 말하면 자기 자본이 3할이 안 되는 대기업의 운영 부실과 환차익을 노린 해외 단기 고리대 자본의 돈놀이, 그리고 정경유착으로 인한 부정부패로 나라는 망해 가고 있었다. 마침내 선진 자본주의 국가는 IMF를 앞 세워 한국에 대하여 경제신탁통치, 즉 신식민지 정책을 강구하였던 것이다. 정부와 IMF가 합의한 각서를 보면 매우 치욕감을 느낀다.

IMF는 우리나라의 기업과 금융기관 구조조정을 요구하고 자본 및 무역자유화와 저경제성장율(3% 이내), 저물가(5% 이내), 그리고 환율 인상(약 100% 인상)과 고금리 정책(약 연간 30%), 시장 개방 등을 요구하였다. 그 뿐만 아니라 기업 및 금융기관의 국제기준에 따른 투명성, 나아가 자본시장의 완전 개방과 선진국가와 경쟁에서 손해를 주었던, 한국재벌의

해체를 사실상 요구하였다. 이러한 IMF의 합의 내용을 확인하기 위하여 자금을 인출할 때마다 승인을 받고, 심지어 한국 경제프로그램에 대한 별도의 합의를 요청하고 있다. IMF는 소위 구조조정을 통하여 외자(채) 의존을 더욱 악화시켜, 신식민지 정책을 강화시킨다.4)

그간 선성장 후분배의 경제개발정책이 한국을 신식민지로 만들었다. 만약 분배정책, 즉 복지정책을 동시에 강구하였더라면 IMF 사태에도 불구하고 영국의 경우처럼 국민들의 심한 고통은 없었을 것이다.

최근 정부는 대량 실업문제를 해결하기 위하여 종래의 복지개념, 즉 구호정책 및 구호사업에 의하여 접근하고 있는데 이것도 잘못된 것이다. IMF사태가 벌어진 지 1년이 지났음에도 소위 고용보험을 확대시키지 않았고 실업자에 대한 노숙자 지원, 공공근로사업을 실시하고 있으나 이것은 매우 낭비적이고 의타심을 조장하는 구호사업의 성격을 지니고 있다. 오늘날 노숙자들이 왕자병에 걸려 있다는 사회복지사들의 말을 귀담아 들어야 한다.

< 출처 > 중앙대학교 사회복지학회,「사회복지연구」제 32집 간행사 (1999. 2)

---

4) 김영모, 「한국사회의 이해」, 한복연 출판부, 1999, PP. 241 ~ 242

생산적 복지는 신자유주의 복지이념이다.

최근 김대중 대통령은 생산적 복지를 민주주의 및 시장경제와 더불어 국정이념으로 제시하고 있다. 이러한 생산적 복지가 무엇인가에 대한 학자들간 논란이 있지만 이것은 기본적으로 신자유주의 복지이념이고, 동시에 노동연계복지(workfare)의 개념이라 할 수 있다. 또한 지난 40여 년간 정부, 특히 경제관료가 추구해 왔던 선성장 후분배, 수익자 부담원칙, 선가정보호 후사회보장에 기초한 사회개발정책의 이념(재판)이라 볼 수 있다. 이들은 생산복지의 기본 방향으로서 시장제도의 효율성을 위한 복지 개념 즉, 고용, 인력개발을 강조하고 사회복지는 소비적인 것이라도 한다. 그런데 정부는 말로는 노동연계복지가 아니고 포괄적 복지의 개념이라고 하며, 심지어 IMF지배하 구조조정으로 말미암아 빈부의 격차, 즉 사회불평등이 심화되어 중산층과 서민들을 보호하기 위한 것도 생산적 복지라고 한다. 기가 찬 일이다.

지난 2년간 정부는 외환위기와 IMF 지배체제를 극복하였다고 하지만 이것은 IMF의 요구대로 하였기 때문이다. 그간 구조조정과 시장개방 등으로 막대한 국부(국부)가 유출되었고 심지어 국가기간산업에 대한 외국 독점자본의 지배는 막강하게 되었다. 현재 외국자본이 대기업 주식의 6할 이상을 차지한다.

정부는 현재 달러 보유가 600억 달러가 넘기 때문에 안심을 하는 모양인데 벌써 외화차입이 250억 달러가 넘는다는 것은 언제든지 제 2의 외환위기가 초래되고 IMF의 재배를 받을 가능성이 있다는 것을 의미한다.

우리가 지난 2년간 국가적으로 큰 손해를 보면서 또 다시 제 2의 위기가 올 수 있는 가능성이 있다면, 이것은 참된 IMF의 극복이라 할 수 없다. 말레이시아처럼 IMF의 위기를 자주적으로 극복하지 못한, 한국 자본주의의 성격을 나타내고 외세 의존성을 더욱 심화시킬 수 있는 것이다.

한국 사회복지가 이러한 신자유주의 세계화 정책에 휩쓸리면, 이미 복지국가를 경험한 선진국가에서는 제 3의 길이 필요할지 모르나 우리가 염원하는 복지국가는 영원히 경험하기 어려울 것이다. 생산적 복지를 내세우면서 현대 국가건설에 필요한 기본적인 사회보장제도 조차 부정하고, 국가개입(책임)을 최소화 또는 사회복지(보험)의 민영화 현상이 나타나면 우리는 선진독점 자본주의에 의하여 영원히 지배되고 말 것이다. 이러한 것은 예방되어야 한다.

< 출처 > 중앙대학교 사회복지학회,「사회복지연구」제 33집 간행사 (2000. 2. 1)

우리는 지난 30년간 무엇을 하였는가?

우리는 지난 30여년간 사회복지분야에 있어서 과연 무엇을 했는지를 자성할 필요성이 있다. 어려운 여건에서 강의실과 연구발표 및 수양회 등에서 갈고 닦았던 우리의 뜻이 한 세대 동안 국가와 사회발전에 기여한 바는 비록 부족한 점도 있지만 엄청난 일을 하였다고 자평하지 않을 수 없다.

이 땅에 사회복지·사회사업의 개념이 정착되지 못하고 이론과 실제가 괴리되어 헤매던 시대에, 스스로 길잡이가 되겠다고 하였던 우리가 이제는 비록 완벽하지는 못하지만 한국형 사회복지의 틀을 제시할 수 있었던 것은 우리의 자랑이라 하지 않을 수 없다.

지난 날을 회고해 보면 짧은 한 세대이지만 우리 중앙대학교 사회복지학과 동문들이 기여한 것은 60년대 아동복지제도(아동보호소, 탁아소)의 개선, 70년대 사회복지학과로 개칭, 새마을운동의 한국형 지역사회개발로, 80년대 사회복지학회의 창설, 사회복지정책학회의 창립, 지역사회중심의 청소년 정책수립, 통합주의 의료보험제도의 개발, 낭비적인 생활보호제도의 개선, 사회복지전달체계(복지사무소)의 구현 등을 위한 개척자적 노력과 지도적 역량을 발휘하였다. 소위 '중앙대학교하면 사회복지정책'이라 할 정도로 우리는 새로운 학풍을 형성하였던 것이다. 비록 많은 동문들이 그 동안 시련을 겪었지만 그들은 복지국가를 건설하기 위한 초석이 되었다.

우리는 일찍이 사회조사실습을 통하여 현장 사회문제(영세민촌, 가두노동자, 농촌 해체 등)의 원인과 대책을 강구하기 위한 노력을 하였으며 매학기 신입생 환영회와 졸업생 환송회를 겸한 수양회는 잊지 못한다.

이러한 학풍 형성 이외에도 우리 동문들이 사회복지계의 지도적 역할을 수행하고 있다. 특히 지역사회복지사업과 사회보장제도의 발전을 위한 노력은 지대하다.

이번 30주년 기념사업을 위하여 수고해 준 부청하 회장을 비롯한 많은 동문, 특히 송정부 교수의 헌신적인 노력과 동문 교수의 기고에 깊은 감사를 드린다.

우리 동문들의 앞날에 행복과 영광이 깃들기를 두 손 모아 빌면서 다른 동문들과 함께 이 나라 사회복지의 선도자가 되도록 분발하기를 바란다.

< 출처 > 「한국사회복지학의 평가」, 격려사 (중앙대학교 사회복지학회 설립 30주년 기념 논총) (1992. 5. 23)

한국 사회복지정책학회를 왜 창립하였는가?

최근 우리의 주변상황이 급속히 변화하면서 이에 대응하는 복지이론과 복지정책의 개발이 매우 아쉬운 실정입니다. 금년에 코펜하겐에서 개최된 사회개발 정상회의, 김영삼 대통령의 복지구상(삶의 질의 세계화), 지방자치제의 본격 실시, 노사갈등의 심화, 핵 및 쌀의 남북관계 등이 우리의 갈 길을 재촉하고 있다. 과연 어떠한 길이 가장 좋은 것인지 이에 대한 진지한 논의가 필요하다고 생각한다.

사회복지정책은 국민의 기본적 욕구와 사회문제를 해결하면서 국민적 연대와 사회적 통합을 목적으로 하는 것이다. 이러한 목적을 수행하기 위한 복지정책을 개발하고 기존의 잘못된 제도, 즉 갈등과 낭비를 조장하는 것은 개혁되어야 한다.

최근 정부가 잇따라 발표하는 정책개혁안이 기존의 잘못된 제도를 유지하기 위하여 새로운 제도를 만드는 경우도 많이 볼 수 있다. 그 동안 잘못된 제도 및 정책을 개혁할 생각은 하지 않고, 그 책임을 국민에게 떠 넘기려는 것을 자주 볼 수 있다. 잘못된 제도와 정책을 만든 정치인과 관료는 이에 대하여 무한 책임을 져야 한다.

이러한 낭비와 비합리성을 사전에 예방하고 기존의 잘못된 것을 개혁하기 위한 노력을 우리가 스스로 해야 할 책무가 있다. 우리는 복지 후진국의 불명예를 씻고 세계적인 복지 선진국으로 만들어야 할 것이다. 따라서 정부의 정책개발에 소극적으로 방관할 것이 아니라 적극적인 비판과 창의적인 이론 및 정책의 개발이 이 분야를 전공하는 우리의 사명이라고 생각한다. 우리는 이러한 변화와 개혁을 주도할 수 있는 사회복지정책의 길잡이가 되고자 한국사회복지정책학회를 창립하였다. 이에 관심이 있는 많은 분들의 적극적인 참여를 바란다.

한편, 최근 노태우 전대통령의 비자금 5천억원 때문에 나라 안팎이 떠들썩하다. 이 돈의 성격이 정치자금, 뇌물 또는 부정부패 등으로 규정되고 있지만 어쨌든 전형적인 권력형 비리이고 정경유착의 소산임에 틀림 없다. 의료보험이 통합되면 대기업은 의료보험조합에서 조성되는 막대한 적립금(조합당 연간 약 500억원)을 활용할 수 없게 된다. 따라서 대기업의 경제활동, 즉 경제성장에 도움이 안된다는 것이다.

이 사건을 보는 국민들은 나름대로 성격을 규정하고 의미를 부여하고 있지만 우리는 그것 때문에 복지정책이 발달하지 못하였구나 하는 생각을 갖게 된다. 그 동안 노대통령이 국회에서 만장일치로 통과된 국민의료보험법에 대하여 거부권을 행사하여 사장시켰고, 국민연금, 실업(고용)보험 등이 오랫동안 연기된 이유를 찾아볼 수 있다.

< 출처 > 한국사회복지정책학회, 「사회복지정책」 창간호, 머리말 (1994.11)

정부의 복지계획안은 대단히 부실하다

오늘날 세계의 모든 국가는 복지국가로 지향하기 위하여 경제성장을 도모하고 자기들 나름의 복지정책을 강구하고 있다. 그러나, 금세기말 공산권이 몰락하고 신우파가 득세하면서, 영미국가는 소위 복지국가 위기론을 주장하면서 재정축소, 민영화 등을 추진하여 왔다. 과연 이러한 노력이 어느 정도 실현될 수 있을지 궁금하다. 우리나라에서도 이러한 바람을 엎고서 덩달아 '복지위기 예방론'을 주장하는 분이 있지만 이것은 매우 철면피한 일이라 하지 않을 수 없다. 왜냐하면 우리나라는 분명히 복지 후진국이기 때문이다.

한편, 정부는 국민 총소득이 2만불이 되는 2천년대 복지국가를 건설하기 위하여 노력을 경주하고 있다. 금년에 정부는 국민복지기획단이 마련한, 2천년대 '삶의 질의 세계화를 위한 복지구상'을 발표하였다. 김 대통령은 국민복지를 실현하기 위한 5대 원칙, 즉 ① 최저수준 보장, ② 생산적 복지, ③ 공동체적 복지, ④ 정보화·효율화, ⑤ 안전 중시를 주장하였고, 또 6대 정책과제를 제시하였으나 새로운 것이 없고, 기존 정책의 개선이라고 할 수 있다.

한편, 지난 해 보건복지부는 사회복지정책심의위원회와 의료보장개혁위원회를 조직하여 개혁안을 발표한 바 있다. 심지어 이러한 개선안이 내용의 큰 변화가 없이 명칭만 바꾸어 계속 발표되고 있는 것은 매우 의심한다.

우리는 사회복지정책의 근본적인 개혁을 바라고 있다. 그리고 금년 4월에 실시한 15대 국회의원 총선거 공약으로 여·야 4당이 사회복지정책을 발표하였다. 그간 선거공약이 제대로 구현된 바가 없다고 비판하지만 국민들은 정책정당으로서 어떠한 위미가 있는가를 찾아 투표하려고 하였다.

이러한 노력이 정부의 힘만으로 성취될 수 있는 것이 아니고 국민 모두의 적극적인 관심과 노력에 의하여 가능한 것이다. 최근 정부는 민간복지의 활성화를 위한 복지공동체를 구축하겠다고 발표하였지만 근본적인 민간의 자발성, 자조성, 창의성, 민주성에 기초하지 않는 한 공염불이 될 것이다.

그리하여 우리는 지난 봄에 정부와 여·야당의 사회복지정책이 무엇이고 또 그 문제점과 개선방안이 무엇인가를 논의하였고 그 결과를 발표하였다.

< 출처 > 한국사회복지학회,「사회복지정책」제 2집 머리말 (1996. 6)

신정부가 말한 '삶의 질의 세계화'는 허구이다.

정부는 삶의 질의 세계화를 추진하기 위하여 국민복지기획단을 조직하고 국민복지의 기본구상을 밝힌 바 있다. 이러한 구상이 개혁적 성격이 약함에도 불구하고, 개혁내용이 발표된지 반년도 못가서 재정경제원은 이것을 정면으로 부정한 바 있다. 이것은 그 간 우리나라 사회개발, 사회복지 정책의 기본 원리가 '선성장 후분배', '수익자부담 원칙', '재정중립'이였기 때문이고, 최근 북한 잠수함사건과 경제위기설로 국방안보 및 경제안보가 득세하고 있는 마당에 사회복지, 사회안보는 숨을 죽이게 되었다. 그런데 사회복지, 사회안보가 잠수하게 되면 사회안정 및 사회통합이 불가능하게 된다. 따라서 사회복지에 대한 정책적 논의는 활발하여야 한다.

먼저 정부가 자랑하고 있는 의료보험이 시작된 지 20여년이 되었는데 이에 대한 재조명이 있어야 할 것 같다. 그 간 의료보험의 개혁논의가 활발하였다. 사회복지학계와 의료보험단체(노조) 및 시민단체, 그리고 정당의 선거 공약에서 분립체계 및 조합방식의 현 의료보험제도를 통합 일원화하겠다고 국민적 합의가 이루어졌음에도 불구하고 이것이 개혁되지 않는 것을 보면, 우리나라 의료보험정책이 과연 누구를 위한 것인지 의문이 간다.

최근 일본에서는 현행 조합방식의 의료보험제도가 고령화 사회에 대응하기 어렵다는 것을 알면서 의료보험을 개혁하지 않고 새로운 개호보험(care insurance)을 제정하려고 한다. 이러한 제도는 의료보험 재정조정제도와 마찬가지로 새로운 기구와 재정을 소요하는 낭비적인 제도가 되기 마련이다. 사실 의료보험료를 인상하고 개호서비스 복지시설을 요양기관으로 지정하고 보호서비스를 급여범위에 포함시키면 현재의 노인보건비와 개호비를 해결할 수 있는 것이다. 우리나라에도 이러한 제도를 모방할까 걱정이다.

우리나라 의료보험제도는 과거 국회에서 여·야의 만장일치로 통과된 「전국민의료보험법」을 정부는 거부권을 행사한 적이 있다. 아주 잘 못된 것이다. 일부 조합론자는 의료보험을 사회보험으로 보지 않고 사보험이나 의료사업과 동일시하려는 경우가 있는데, 이것은 매우 무식한 소치이다. 따라서 전국민의료보험을 「전국민건강보험」으로 그 명칭을 고치는 것도 바람직하며, 특히 장차 예견되는 막대한 보호서비스를 건강보험에 적용시키기 위한 방안도 될 수 있는 것이다. 그리하여 현재 실시되고 있는 의료보험이 그 간 조합론자들이 의도한대로 현실론을 내세워 개혁이 불가능한 것인지, 그리고 왜 이러한 현상이 일어날 수 있었는지에 대한 정책토론회를 개최하여 게재하기로 하였다.

< 출처 > 한국사회복지정책학회, 「사회복지정책」, 제3집 머리말 (1996)

노인을 위한 새로운 시설보호사업이 요구된다.

최근 우리 나라에서도 선진국가처럼 고령화로 인한 사회문제가 심각해지고 있다. 고령화 문제는 조기 퇴직으로 인한 가장권의 상실과 노인의 4고(빈곤, 질병, 고독, 역할상실)를 가중시키기고 있다. 그리하여 선거철이 되면 노인단체를 중심으로 노인복지에 대한 요구가 많아져서 최근 여야 정당에서 무기여 노령연금을 위한 입법운동이 나타나고 있다.

한편 가족해체와 맞벌이 부부의 증가로 노인부양과 같은 가족보호의 기능이 약화되고 있다. 특히 치매현상과 노인보건비의 문제가 나타나면서 가출 노인이 증가되어 사회복지시설, 특히 비인가시설에 수용되는 노인이 급증하고 있다. 최근 일본에서는 이러한 노인보호비용을 해결하기 위하여 지난 총선에서 공적 개호보험을 도입하기로 공약하였으며, 금년 중에 입법이 될 것 같다.

지금까지 사회복지이론에 있어서 시설보호 보다도 가정보호가 더욱 바람직하다는 것이 통설인데, 고령화 시대에 있어서는 시설보호가 불가피하다는 역설적인 복지대책, 즉 보편적인 시설보호사업이 요구되고 있다.

한편, 금년은 의료보험이 실시된 지 20년이 되어 최근 관변단체에서는 이에 대한 긍정적 평가와 동시에 기술적 개선안을 제시하고 있다. 그런데 우리가 이미 주장한 바와 같이 전국민 의료보험이라 하면서, 보험료의 장기 채납자인 5% 이상의 국민이 의료보험에서 제외되어 있고 진료비의 자부담이 법령상 30%이지만 실제로 52% 이상 되며 심지어 소득재분재의 역진성이 나타나는, 현행 의료보험이 관연 사회보험이라 할 수 있는지 의문이 간다. 만약 상병수당이 의료보험의 적용범위가 된다면, 일본 등 조합주의국가에서 걱정하는 공적 개호보험제도나 장기요양급여제도가 없어도 괜찮을 것이다.

그런데 최근 우리나라에서도 노인인구가 급증하고 출산율이 감소되어 장차 노인부양문제가 주요한 복지정책의 과제가 될 것 같다. 특히, '개정가족법'으로 장차 급속한 가족해체로 콩가루 집안이 되어 누가 부모를 부양할지 걱정이다. 옛날은 자녀들을 위한 상속제도(분재기)에서 부모와 조상을 모시는 봉사조(奉仕條)를 제외한 재산을 자녀들에게 균분제로 상속하였는데 오늘날 개정가족법은 그것을 모르는 것 같다.

이와 같이 우리나라 사회보장제도의 잘못된, 낭비적인 것을 개혁하지 않고 대통령이 개혁을 주장하니 관료들은 요란스럽게 각종 위원회를 만들어 복지개혁을 하는 척하고 있다. 현재도 이에 비판적인 학자 및 전문가들은 각종 위원회에서 배제시키고 국민을 우민화 시키고 있는 실정이다. 이러한 것에 장단을 맞추는 소위 어용전문가들을 보니 나라 꼴이 한심스럽다.

< 출처 > 한국사회복지정책학회,「사회복지정책」, 제 4집 머리말(1995. 5)

II. 복지정책 비판

1. 1980년대 개혁과제

우리는 복지국가를 건설해야 한다.

우리는 잘살기 위하여 지난 20여년간 산업국가를 건설하려고 피나는 노력을 경주하였다. 이젠 80년대 이후 복지국가를 건설하는 것이 국민적 염원이 되었다. 그간 산업화가 국민의 복지를 증진시키기도 하였지만 동시에 비복지를 초래한 경우도 많았다. 이것은 사회개발계획의 전제 위에서 경제개발을 수행하지 못하였기 때문에 초래된 것이다. 3차의 경제개발정책은 국민의 기본적인 욕구인 의·식·주의 문제해결에 있어서 성공하였지만, 반면에 심한 사회적 불평등과 비인간화 및 범죄·비행과 같은 사회문제를 조성하기도 하였다.

한편, 기존의 복지제도와「서비스」가 사회변화에도 불구하고 쇄신되지 않아서 새로운 사회문제와 낭비를 조성하고 있다. 따라서 이러한 문제를 예방하고 해결할 수 있는 정책개발이 무엇보다도 요망된다.

국민의 복지에 대한 열망은 오늘날 선진국가에 있어서는 자선적 박애적 온정에만 기대하는 것이 아니고, 그것을 국민의 기본권(생존권, 시민권)으로서 인식하며 국가개입에 의하여 이것을 해결하여 주기를 국민은 바라고 있다.

이러한 국가개입의 복지형태는 그 나라의 역사적·사회적 배경에 따라 상이하지만, 일반적으로 자유세계에 있어서는 소득·교육·보건·주택·환경·문화와 같은 국민생활 영역에 있어서 요구호자 뿐만 아니라 전체 국민을 대상으로 하고 이들의 기회균등과 최저 생활보장이 공통된 복지이념으로 되어 있다. 그러나 우리의 전통은 아직도 가족과 시장제도에 의한 복지의 보완적 성격이 대단히 강하고 6.25전란으로 말미암아 형성된 복지의 비자주성과 비전문성이 강력히 잔존되어 있다. 따라서 이러한 복지의 부정적인 성격을 탈피한, 복지제도와「서비스」의 정책개발이 요망되며, 한편으로 우리의 장점인 가족의 복지적 기능과 공동체의 자조적 기능을 살리도록 노력할 필요성이 있다. 또한 우리 사회가 지니고 있는 많은 사장된 자원을 어떻게 효율적으로 조직·동원하여 사회발전에 기여케 할 수 있느냐 하는 것이 복지의 주요한 과제가 되어 있다.

우리가 볼 때 복지라는 것이 돈만으로 해결될 수 있는 것이 아니다. 이것은 오히려 제도와 정책 및「서비스」의 효과적인 개선과 개발에 의하여 성취될 수 있는 것이다. 우리는 자주적인 복지국가의 건설을 위하여 우리나라의 실정에 알맞는 정책개발에 온 정신과 노력을 기울이고자 한다.

< 출처 > 한국복지정책연구소 설립취지문「사회정책연구」발간사 (1982. 5)

의료보험은 통합 일원화 되어야 한다.

1977년 우리나라에 처음으로 사회보험으로서 의료보험이 실시된 이래 오늘날까지 전국민의 약 32%가 의료보험에 가입되었다. 정부는 1980년대 말까지 복지사회건설을 위하여 국민의료의 개보험화를 목표로 하였다. 이러한 의료보험은 연금제도와 더불어 사회보장의 핵심적 제도이며 복지사회건설의 근간이라고 할 수 있다.

여기에서 우리는 우리나라에 실시된 의료보험이 2가지의 특징과 과제가 있음을 알 수 있다. 한 가지는 의료보험이 사회보험의 성격을 지니고 있다는 것이고, 다른 하나는 1980년대 말 까지 국민의료의 개보험화를 지향하고 있다는 것이다. 그럼에도 불구하고 우리나라에서는 의료보험을 사보험으로 인식하고 있는 사람이 있으며, 심지어 3원화 되어 있는 현행 의료보험제도를 가장 바람직한 것으로 간주하는 사람이 있다. 반면에 현행 의료보험이 위험분산과 소득재분배와 같은 사회보험 기능의 취약성과 경제적 효율성 및 사회적 연대성이라는 관점에서 통합 일원화를 강력히 주장하는 사람도 있다.

과연, 이러한 현행 의료보험제도가 의료보험법에 명시된 사회보상적 기능을 제대로 수행하고 있으며 정부가 약속한 대로 1980년대 말까지 국민의료의 개보험화를 이룩할 수 있는지를 시급히 연구하여야 할 과제가 아닌가 생각한다. 특히 의료보험에 대한 정부의 재정지원이 거의 불가능한 상황에서 이러한 의료보험의 2가지 과제를 해결할 수 있는 가장 효과적이고 합리적인 방안이 무엇인지를 규명하여야 할 필요성이 있는 것이다.

우리는 이러한 목적을 해결하기 위하여 본 조사연구에 착수하였다. 그러한 결과 공적 의료보험이 보편성을 지니지 못하는 경우, 오히려 사회적 불평등과 차별을 강화시킨다는 것이다. 그리하여 의료보험의 통합 일원화만이 국민보건과 경제적 효율성 및 사회적 연대성, 나아가 국민의료 개보험화의 최선의 길이라는 것을 알 수 있었다. 이것을 우리는 통합적 개보험화 방안이라고 하였다.

이에 대한 대답은 「사회정책연구」 제 2집에 실려 있다. 그 주요한 내용은 현행의 보험제도가 오히려 가입자와 비가입자, 그리고 도시 직장인과 농어촌민 그리고 사무관리직과 생산노동자간에 소득역진성(약 2.5배)을 일으키고 있다는 것이다. 다시 말하면 사회불평등을 조성하고 직종 간 사람을 차별화 한다. 이러한 과제를 해결하는 방안은 먼저, 모든 국민이 참여하는 보편적 의료보험화가 필요하고, 또 계층 간 소득역진성이 일어나지 않는 보험료 부과체계로 통합, 일원화 되어야 한다는 것이다.

< 출처 > 「사회정책연구」 제 2집 머리말 (1982. 12)

< 참고 > 김영모·김헌진, 「한국사회보험개혁론」, 한복연 출판부, 2006, Ⅲ편

김영모, 「한국사회보장개혁론」, 중앙대학교 출판부, 1995, Ⅱ편

아동복지제도가 개혁되지 않으면 문제아동을 만든다.

1970년대 까지 우리나라 사회복지의 핵심은 아동복지라고 할 수 있고, 아동복지의 대부분은 시설보호사업이라할 수 있다. 시설보호사업도 대부분 기아, 가출, 부랑아동을 수용 보호하기 위한 치료사업 중심이었다. 이러한 아동보호사업이 지난 20여년간 아동복지의 핵심을 이루고 있었다는 것은 그 동안 우리나라 아동복지정책의 개혁이 불필요할 정도로 사회변화가 일어나지 않았고, 특히 아동문제의 성격이 변화되지 않았는가라고 반문하면, 그렇지 않다는 것이다. 그 이유는 20년전 문제아동이 주로 6·25전란으로 말미암아 발생된 전쟁고아이었지만 오늘날에는 가족해체 등으로 발생된 가출아동이 그 핵심을 이루고 있기 때문이다.

그렇기 때문에 아동복지정책은 그 주체(기관)와 대상(아동) 및 기능(서비스)과 같은 것이 변화되어야 한다. 만약 그것이 변화되지 않으면 기존의 제도와 기능은 오히려 문제아동을 만들어내는 것이다. 사실 그간 기존제도의 고수로 말미암아 새로운 문제아동이 많이 발생되었다. 따라서 아동복지정책의 낭비와 비효율성이 많이 존재하였으며 동시에 전문적인 예방사업이 발달하지 못하였다.

우리는 최근 우리나라에서 발생되고 있는 보호아동의 발생요인이 무엇이며 이러한 아동이 어떻게, 누구에 의해서 생기며 그리고 어떻게 보호를 받고 있는 가를 연구하였다. 또한 그 발달체계와 아동보호시설의 심층분석을 통하여 문제점과 대책을 발견하려고 조사하였다.

그러한 결과 보호시설 아동의 8할 이상이 부모가 있는 빈곤 또는 결손가정의 아동이고, 이들은 아동복지법에 저촉되었다. 이러한 아동을 예방하는 대책이 필요하다. 특히 탈시설화와 조치권이 있는 지역별 전문 상담소가 설치되어야 한다.

이러한 조사연구과정에서 많은 공무원과 시설장 및 사회사업가들의 협조를 받았다. 특히 보건사회부 가족복지국장과 아동복지과장에게 심심한 감사를 드리며, 각 시도 보건사회국장과 부녀아동과장에게도 깊은 감사를 표하는 바이다.

이번 호에는 본 연구소가 한국청소년연맹의 재정적 지원에 의하여 작년 부터 연구하여 온 근로청소년의 실태조사결과 중에서 일부 즉 근로청소년의 의식구조를 발표하기로 하였다. 또한 금년 4월 하순 국제사회보장협회(ISSA) 국내조직위원회가 주최한 '사회보장에 관한 아시아 지역회의'의 발표 및 토의 내용의 요지를 게재하기로 하였다.

< 출처 >「사회정책연구」 제 3집 머리말 (1983. 5)

―――― ○ ――――

우리나라는 최근 민주화를 위하여 몸부림치고 있다. 정치적 민주화를 위하여 많은 노력이 경주되고 있으나 그것의 기반이 되는 경제적, 사회적 민주화에 대하여서는 아직 관심이 매우 약하다.

민주주의라는 것은 이념상으로는 자유와 평등의 규범적 산물이고, 이론상으로는 사회갈등의 제도화, 즉 입법과 정책을 통하여 사회갈등을 평화적으로 해결하는 것이다. 이러한 이념적 이론적 대안을 요구한 학생, 근로자, 시민을 중심으로 한 사회운동이 끈질기게 존재하였으나 이것을 수용하는 입법적, 정책적 노력이 대단히 미진한 것이다. 그러한 것은 역시 사회의 기득권자는 변화되지 않았고 또 그들의 자기 쇄신 및 개혁을 할 수 있을 정도로 능력과 양심이 있어야 하는데 그것이 없었기 때문이다.

사회복지 분야에서도 이러한 민주화 시대, 그리고 지방자치 시대에 우리가 무엇을 해야하고 정부 및 민간의 기존 역할에 있어서도 무엇을 개혁, 재정비하여야 하는지를 연구하고 행동하여야 할 될 것이다. 사실 복지정책 분야에서도 그 동안 이론적으로나 현실적으로 맞지 않는 정책을 고집하느라고 많은 시행 착오와 뒤틀린 노력을 행하여 왔다. 국가의 백년대계를 위하여 사회복지정책의 근본적인 개혁과 올바른 체계 정립을 위하여 각성하여야 될 것이다. 예컨데 분립된 사회보장 체계, 그리고 비전문적 서비스 등이 우리가 시급히 해야해야할 과제이다. 또한 사회사업 분야에서도 민간자원을 동원하여 지역사회복지사업을 할 수 있는 자생적 시민조직과 지역사회조직사업이 필요하다. 이러한 것을 불가능하게 하는 법령을 개폐하여야 될 것이며 사회복지사의 창의적이고 개척적인 지도력이 매우 아쉽다.

우리는 최근 2,000년대 우리가 직면하게 될 가족문제를 해결하기 위하여 가족복지정책의 모형을 구상하여 보았다. 이것을 위하여 지난 여름 전국적인 가족조사를 실시하였고 이것에 기초하여 가족복지법의 타당성을 검토하고 그 초안을 마련하여 보았다. 이러한 연구 결과에서 우리나라의 가족과 그 기능의 변화가 서구적 모형을 따르지 않고 있지만 상당히 많이 변화되고 있음을 알 수 있었다. 무엇보다도 중요한 것은 가족의 복지기능을 살리기 위한 노력과 동시에 그것을 보완하기 위한 정책도 병행하여야 될 것이다.

우리는 지난 해 두 가지의 사회복지기관의 프로그램과 서비스에 대한 평가조사를 실시하였다. 하나는 한국청소년연맹의 근로자종합복지관의 사업에 관한 것이고 다른 하나는 한국봉사회의 북부종합사회복지관의 사업에 관한 것이었다. 아직도 사회복지사업에 대한 평가연구가 거의 없는 상태에서 이러한 연구결과는 기존의 서비스에 대한 반성의 기회도 되고 새로운 프로그램을 개발하는데 매우 유익하리라고 생각한다. 최근 정부와 민간기관에서 이러한 사업을 많이 계획하고 있기 때문에 이러한 평가연구는 이 분야에 도움이 되지 않을 가 한다. 정부는 제 6차 5개년계획에서도 전국에 57개의 사회복지관을 신설할 예정이다.

이러한 연구를 할 수 있도록 협조하여 주신 한국청소년연맹(이상규 총재)과 한국봉사회(조근옥 이사장)에 깊은 감사를 드리고 우리나라 가족복지정책의 모형개발을 위하여 협조하여주신 이효선 교수(중앙대)께 깊은 감사를 드리며, 이 세가지 조사연구에 협조하여 주신 관련기관과 조사원들에게 거듭 감사를 표하는 바이다.

< 출처 >「사회정책연구」제 9집 머리말 (1987, 12)

5차 5개년 경제사회발전계획의 하향 수정을 반대한다.

최근 정부에서는 2년전 만든 제 5차 5개년 경제 및 사회발전 계획안을 수정하고 있다. 그러한 수정의 불가피성은 인정할 수 있겠지만 수정의 기본방향이 하향조정이라는 것에서 많은 문제점을 지니고 있다. 특히 복지분야에 있어서는 하향조정이 있는 경우 고통과 불만이 매우 클 것이다. 왜냐하면 복지가 욕구에 대한 서비스이기 때문에 이미 맛들여 진 서비스를 바꾸는 경우 많은 어려움이 따른 것이다. 또한 복지라는 것이 돈으로만 해결할 수 있는 것이 아니라 돈이 없어도, 특히 정부의 재정투자가 없어도 가능한 것이 많기 때문에 이번의 수정 작업에 있어서도 이것을 유념하여야 될 것이다.

우리가 복지분야의 수정이 필요 없다는 것이 아니라 필요한 복지영역의 수정 개선은 하더라도 국민이 절실히 요구하는 복지 프로그램은 수정할 필요가 없겠고 기존의 프로그램 중에서 사회변화에 따르지 못하고 비효율성과 낭비가 심한 것은 과감히 개혁하여야 한다. 그러한 경우 복지정책의 보완적 치료적 서비스는 개선할 필요성이 있겠지만 복지정책의 보편적 제도과 예방적 서비스는 오히려 발전시켜도 되는 것이다. 예컨데 정부의 돈이 안 드는 의료보험이나 연금제도는 확충하여도 되겠지만 새로운 문제를 만들어내거나 그러한 프로그램(특히 보조금사업)에 기식하는 서비스는 개선되어야 할 것이다.

< 출처 >「사회정책연구」 제 4집 머리말 (1983. 10)

퇴폐적 향락산업은 근절되어야 한다.

우리는 지난 해 우리나라의 가장 주요한 사회문제로 제기되고 있는 퇴폐·윤락에 관한 조사를 실시하였다. 퇴폐·윤락에 관한 기초적인 자료를 얻기 위하여 전국적인 행정조사와 표본 면접조사를 실시하였다.

우리나라에 있어서 급속한 사회경제적 변화가 여러 가지 사회문제를 조성하고 있지만 그 중에서 가장 비생산적인 것이 퇴폐·윤락인 것 같다. 이러한 문제는 예전의 주색잡기에 유관한 것이며, 주로 유흥음식점과 접객서비스업 등과 관련이 되어 있다.

이러한 접객서비스업이 최근에 급속히 팽창하고 있다. 1983년 말 우리나라의 접객업소는 약 28만개이고 그 종사자는 약 87만명이며 그 봉사료(팁)는 연간 2천여억원으로 추계한다. 이러한 접객서비스업소가 대도시의 신흥개발지역에 대규모로 들어서고, 심지어 주택지역에 까지 침투되고 있기 때문에 건전한 가정 형성과 자녀교육 및 사회기풍의 진작에 커다란 장해가 되고 있다. 이것을 향락산업이니, 호스티스 문화이니 하여 주요한 사회적 관심꺼리가 되었다.

이러한 접객서비스업의 팽창은 우리나라의 파행적인 경제개발의 결과이고 암시장의 전형이며 또 사회부조리의 투영이고 사회해체의 산물이라 볼 수 있다. 이러한 배경을 지닌 퇴폐·윤락의 문제는 그 자체로서는 도저히 해결이 불가능하다.

< 출처 > 「사회정책연구」 제 7집 머리말 (1985. 12)

대도시의 영세민은 누구인가?

지난 4반세기 동안 우리나라의 경제개발계획으로 말미암아 가장 상징적으로 나타난 사회문제의 하나가 빈곤이 아닌가 생각한다. 비록 식민지 시대에 나타난 초근목피, 입도선매의 처절한 빈곤의 상태는 아니지만 농촌 경제정책의 빈곤과 도시 공업화의 결과로 이촌농민은 도시의 영세민촌을 형성하였다.

이러한 영세민은 구미에서 볼 수 있는 퇴폐적인 반사회적 집단이 아니고 오히려 생산적이고 도시에 적응하여 보려는 주변적 성격이 매우 강한 편이다. 그렇기 때문에 한국의 영세민은 서구의 빈곤이론이 그대로 적용될 수 없었고 빈곤문화의 특성을 지니지 않았던 것이었다. 그러나 이러한 영세민들이 도시사회에 적응(취업 등)하지 못하고 오랜 빈곤생활을 누림으로 말미암아 그들 나름의 빈곤문화를 지닐 가능성이 큰 것이다.

정부는 이러한 영세민의 빈곤 악순환을 탈피 시키고자 생활보호사업을 비롯한 행정적 지원을 하고 있으나 그것은 빈곤의 근본적인 해결책은 되지 못하고 있다. 물론 생활보호사업이 구빈적인 성격을 지니고 있기 때문에 방빈적인 정책과 서비스가 보다 효과적이고 그것이 선행되어야 한다. 사실 빈곤의 원인이 그러한 개인적 대책과 사회정책으로서만 해결될 수 있는 것은 아니다. 오히려 우리나라의 경제정책과 산업정책의 구조적 개혁을 통하여 그것을 해결하려고 노력하여야 한다.

이러한 거창한 문제를 우리가 여기에서 다룰려고 하는 것은 아니다. 오늘날 우리나라 도시 영세민들의 사회경제적 실태가 어떻게 되고 그들의 자조적 능력은 있는지를 먼저 알아보고, 나아가 이들을 위한 생활보호사업이 제대로 이루어지고 있는지를 검토하여 보려고 한다.

이러한 문제를 탐구하기 위하여 우리는 대도시의 영세민과 비영세민의 생활실태를 조사·비교하여 보고 영세민과 이들을 도와주는 복지행정 종사자들에 의한 생활보호사업의 평가를 알아 보기로 하였다. 그러한 결과 영세민의 사회경제적 지위와 의식이 비영세민의 경우에 비하여 차이가 나타나고 있으며, 그들을 위한 생활보호사업의 비전문성이 많이 나타나고 그들의 자조의식이 대단히 높음을 알 수 있었다. 그렇기 때문에 이들을 위한 한국형 복지사무소의 필요성이 절실하였다.

우리는 본 연구를 위하여 지난 해 겨울방학 동안 본 연구소 연구원과 중앙대 및 원광대학교 학생들과 함께 고생을 많이 하였다. 이번의 고생스러운 사회조사를 행하면서 다시금 이와 같이 방대한 조사를 또 다시 할 수 있을가 하는 생각이 들었다. 본 연구사업을 행하면서 이에 참여하여 준 원석조 교수, 김성천, 강숙자 연구원, 이용교·이경민 등 연구보조원과 양 대학교 사회복지학과 학생들에게 깊은 감사를 드린다. 그리고 본 조사에 협조하여준 관계기관(서울특별시, 광주시 및 각 구청)의 공무원들에게도 심심한 사의를 표하는 바이다.

< 출처 > 「사회정책연구」 제 8집 머리말 (1986. 8)

청소년정책의 새로운 방향은 무엇인가?

최근 우리나라에 급속한 변화가 일어나고 있다. 지난 해 부터 시작된 민주화의 작업이 곳곳에서 일어나고, 이와 더불어 헌법개정과 행정개혁 및 경제개혁의 작업이 이루어지고 있다.

그간 방치된 청소년문제도 심각한 새로운 사회문제로 제기되어 이에 대한 사회적 정책적 관심이 매우 고조 되었다. 그리하여 지난해 '청소년육성법'이 제정되고 금년에 체육부가 청소년·체육부로 개칭되면서 우리나라 청소년정책을 기획·조정하고 새로운 업무를 집행할 주요한 과제를 안게 되었다.

이러한 청소년정책의 과제를 해결하기 위하여 우리는 청소년정책부서가 새로이 생겨야 할 필요성이 있는지 그 타당성을 검토하고, 나아가 외국 청소년정책의 특성은 어떠한 지를 파악하여 우리나라 청소년정책의 기본구상, 즉 모형을 개발하여 보려고 하였다. 우리나라 청소년정책의 모형개발은 기존의 청소년정책과 청소년단체 및 시설의 현황을 분석하여 보고 그 문제점을 파악하여 우리의 현실적 구조에 알맞는 청소년정책의 방향을 정립하는데 있다.

가장 큰 문제점은 현재의 청소년 정책(문교부와 교육청)이 일제시대의 잔재물이라는 것이다. 그리하여 이제는 청소년 정책을 교육부에서 분리시켜 지방행정사업으로 지역사회중심의 청소년 센터(시·군·구)와 청소년 지도자가 주도해야 되겠다는 것이다. 그간 청소년정책이 학교중심의 치료적 특성이 강했는데 비하여 이제는 일반청소년의 예방사업(특히 비행 및 보호)의 개발이 절실하다는 것을 알게 되었다. 따라서 지역사회중심의 여가선용을 위한 스포츠와 레크리에이션 및 문화예술활동을 적극 개발하여야 될 것 같다. 나아가 기존의 청소년정책에서 소외된 청소년들을 위한 사회교육, 고용 및 상담서비스도 매우 절실하다는 것을 알게 되었다. 그 뿐만 아니라 기존의 청소년운동이 학교와 단체중심이었는데 이것도 지역사회(지방자치단체)와 전문지도자에 의하여 전개 되어야 할 것을 알게 되었다.

그리하여 이러한 청소년정책을 효과적으로 수행하기 위하여 청소년정책 전달체계의 확립, 청소년사무소의 설치, 청소년지도자의 양성 및 청소년단체의 육성, 여가, 상담 및 사회교육에 관한 프로그램 개발, 청소년연구소의 설립, 자률 봉사자의 활용, 청소년기금의 형성 등 많은 구체적 방안이 모색될 수 있었다.

본 연구를 위하여 짧은 시간에도 불구하고 자료수집과 공동연구에 적극적으로 참여하여 주신 권이종교수(교원대), 원석조 교수(원광대), 표갑수 교수(청주대), 김형식 교수(서호주대), 강남기 교수(미 뉴욕주립대), 채미화 교수(중국 동해대)에게 감사드리며 또 자문회의에 참여하여 고견을 주신 여러 자문위원님께 깊은 감사를 드린다. 그리고 본 연구를 위하여 물심양면으로 도와주신 조상호 장관과 최일홍 차관께도 깊은 감사를 드린다. 아울러 짧은 기간 동안 자료 수집과 원고 정리에 수고하여 준 본 연구소 이용교, 함철호, 심재호 등 연구원들에게도 깊은 사의를 표한다.

< 출처 > 「사회정책연구」 제 10집 머리말 (1988. 5)

민주주의는 사회갈등의 제도화이다.

최근 우리 사회에는 진보와 보수의 이념적, 정책적 갈등이 곳곳에서 나타나고 있다. 얼마전 국회에서 여·야 만장일치로 통과된 국민의료보험법과 노동쟁의조정법에 대하여 대통령이 거부권을 행사하였다. 서울 지하철과 현대중공업의 노조파업에 따른 공권력의 개입, 그리고 문익환 목사의 방북사건에 따른 정부의 조치 등에서 볼 수 있는 바와 같이 우리사회에 있어서 국회와 행정부, 노동자와 기업(정부), 재야와 정부 간의 대립이 첨예화 되어 있다. 이러한 대립은 민생문제와 통일문제에 대한 민주주의와 민족주의 세력의 성장에서 비롯되었으며 이러한 대립-갈등-투쟁이 우리의 민족사에 끊임없이 나타나리라고 생각한다.

이러한 갈등현상이 폭력화 되어 있다는 것이 가장 큰 문제인 것 같다. 산업사회에 있어서 갈등을 제도화 시켜야 폭력을 예방할 수 있는데 우리의 사회는 그렇지 못한 점이 아쉽다. 산업갈등을 예방하는 방법은 독일의 공동결정권제도, 미국의 고용계약제도, 일본의 종신고용제도 등과 같은 것에서도 볼 수 있고, 또 정치적 갈등의 해소는 서구에서는 의회민주주의와 산업민주주의와 같은 것이 있으나 우리의 경우 이러한 갈등의 제도화가 잘되어 있지 못한 것이 큰 비극이다. 그 만큼 우리 사회는 보수세력이 득세하여 그간 안주하여 왔다. 정치적 안정과 경제성장이란 명분으로 사회 갈등을 의도적으로 백안시 하여 왔다. 따라서 사회 갈등을 조성하는 불평등한 사회구조와 비합리적인 정책의 개혁에 대하여 그 동안 무관심 하였다. 이에 대하여 비판하면 잔소리로 들렸던 것이다.

이러한 것들이 최근 민주화 과정에서 여과 장치가 없이 사회갈등으로 표현되고 있다. 그래도 국회에서는 이러한 갈등을 해소하려는데 관심이 많지만 정부는 그렇지 못한 것 같고, 노조는 스스로의 투쟁에 의해서 획득할 수 있는 것으로 생각하고 있는 것 같다. 여기에서 폭력적 사회갈등이 지속되리라고 전망된다. 이러한 갈등을 평화적으로 해결하기위한 노력이 민주주의이고 사회갈등의 제도화이다.

우리는 지난 해 이러한 갈등구조가 사회에 어떻게 존재하여 있는 가를 탐구하기 위한 작업으로서 대학교육의 기회구조와 자영인의 소득구조를 조사한 바 있다. 그러한 결과 80년대 대학교육의 기회는 그 비민주성이 60년대의 경우와 비교하여 큰 차이가 없고 전공분야에 따라 비효율이 심하며 개인적으로는 교육에 대한 투자 효과가 매우 크다는 것을 알 수 있었다. 그리고 자영인의 소득구조는 도시와 농촌, 업종에 따라 큰 차이가 나타나고 이들을 위한 연금제도의 개발도 도시 자영인의 경우는 가능하나 농촌 자영인의 경우는 정부의 지원 없이는 매우 어렵다는 것을 알 수 있었다. 이러한 기회구조는 속히 시정되어야 하겠다.

< 출처 > 「사회정책연구」 제 11집 머리말 (1989. 7)

의료보험 통합론의 미완성

지난 해 7월 1일 우리나라에서도 전국민 의료보험이 실시되었다. 전국민 의료보험이 실시된 것은 매우 반가운 일이지만 의료보험이 사회보험으로서 제 기능을 발휘하지 못하고 있는 것이 매우 안타깝다. 정부는 의료보험이 개보험화 되면 현행 조합방식의 의료보험 운영관리체계를 통합일원화 시키겠다고 공언하였지만, 보험료의 재정체계는 일원화 시키지 못하였다. 이것은 조합주의 의료보험을 지속시키기 위한 핑계에 불과하다는 것을 알 수 있다.

그간 의료보험이 확대되면서 현실적 문제가 많이 노출되었다. 그 중에서도 직장의료보험에 있어서 소득 재분배의 역진성이 나타나고, 농어촌 지역의료보험의 과부담 문제 등이 제기되면서 의료보험의 통합문제가 적극적으로 논의되기 시작하였다. 그러한 결과 1990년 1월에 국회에서 여야 만장일치로 통합법안인 국민의료보험법이 제정되었고, 이것이 노태우대통령의 거부권 행사에 의하여 다시금 좌초되었다. 거부권 행사의 논리적 근거가 현행 의료보험조합이 통합되면 민법 즉 사법에 규정된 사유권 재산의 침해이기 때문에 안된다는 것이다. 한심스러운 것은 의료보험이 사회법 즉 공법인지 아니면 사법(私法)인지를 구별조차 못하고 있는 점이다.

지난 번 제정되었던 국민의료보험법은 그간 주장되어온 통합주의의 승리였다. 통합주의 의료보험은 정부가 1980년대 초 단순히 운영관리체계(조합)의 통합을 주장했으나, 우리는 의료보험 재정까지 통합을 주장하였고, 나아가 분립체계의 일원화와 모든 4대 사회보장제도의 통합으로 주장이 발전하게 되었다. 이 법안은 의료보호 까지 통합된 내용은 아니었으나 전술한 조합, 재정, 분립체계의 통합을 의미하는 것이다.

이와 같이 의료보험제도의 발전을 가로막는 가장 큰 장애는 아직도 의료보험을 사보험으로 간주하고 있는 자가 있기 때문이다.

저자가 현행 의료보험을 통합 일원화 시켜야겠다고 주장하는 이론적 현실적 근거는 의료보험이 사회복지제도임에도 불구하고 소득 재분배의 효과가 없고 심지어 그 역진성이 나타나기 때문이다. 즉, 가난한 사람이 더욱 손해를 본다는 것이다.

이러한 기본적인 문제점은 의료보험의 기여제도(보험료), 급여제도, 운영관리 등에서 찾아 볼 수 있겠지만, 이번에는 현 기여제도의 문제점이 무엇이고 이것의 개선방안이 무엇인가를 고찰하여 보았다. 의료보험의 기여제도에도 많은 문제가 발견되지만 그 보다도 더욱 중요한 것은 1986년 소액진료비 자부담제도의 도입 등으로 의료보험의 본인 부담율이 현재 5할 이상이 되었다는 것은 의료보험이 과연 사회보험으로서 의미가 있으며 누구를 위한 것인가를 의심케 한다.

< 출처 > 「사회정책연구」 제 12집 머리말(1990. 4. 19)

행정직렬에 사회복지직의 설치를 요구한다.

최근 정부는 제 7차 경제사회발전 5계년계획의 수립을 거의 마무리 짓고 있다. 그 계획 중에서 새로운 것은 실업(고용)보험과 농어민연금을 시작하고 사회복지사무소를 설치하겠다는 것이다. 때 늦은 감은 있으나 매우 반가운 일이다.

정부의 발표대로 우리나라의 실업률이 약 4%라고 한다면, 그것은 완전고용의 상태이기 때문에 실업보험이 시작되어도 무리한 것이 아니다. 농어민연금도 '우루과이 라운드'에 대응하기 위한 수단으로서도 빨리 실시되어야 국가이익을 위해서도 바람직한 것이다. 그리고 사회복지사무소도 하루 빨리 시작되어야 한다. 80년대 초에는 종합사회복지관의 설립으로 이것을 대치하려고 생각하였으나 우리가 볼 때는 그것이 장차 큰 낭비적 요소가 될 것이라고 생각한다. 종합사회복지관이 있는 지역에는 기존의 시설을 이용하여 사회복지사무소로 대치하는 것이 현명할 것 같다.

또한 최근 빈곤문제를 해결하기 위한 각종 사업(주택개량, 전문요원 배치 등)이 활발히 전개되고 있으나 이것은 매우 무계획적이고 낭비적인 면이 많다. 다행히 정부가 사회복지의 필요성과 전문성을 인식하여 그러한 사업을 확대시키는데 대하여 고마움을 표시하지만 이러한 사업이 계획적이고 전문적인 차원으로 끌어올리는데 관심을 기울어야 할 것이다. 특히 사회복지전문요원(7급별정직 공무원)을 최근 대량(약 4천명)으로 충원하고 있는데 이것은 복지사무소와 관련시켜 종사케 하고, 그들의 업무를 현행의 생활보호사업 이외 적어도 복지 5법과 사회보험법에 명시된 것을 수행할 수 있도록 역할을 확대 부여하고, 그 들의 신분을 안정시키는 제도적 조치, 즉 별정직을 일반직화 시키는 조치를 강구하여야 한다. 즉 행정직렬에 사회복지직을 설치하여야 될 것이다. (사실 그 후 저자의 노력으로 행정고시에 사회직(복지직)을 설치하게 되었고, 또 사회복지직이 행정직렬에 설치되어 사회복지 전문요원이 일반직화 되었다.)

한편, 최근 우리나라에서 가장 중요한 사회적 과제가 되어 있는 주택문제를 해결하기 위한 노력이 주로 경제적 시각(자유시장)에서 접근하여 주택공급 정책을 만능으로 생각하였으나 이것이 한계에 다다르게 되어 주택기회를 공평하게 제공하려는 정책 전환이 크게 요구되고 있다. 주택정책이 돈벌이 하는 수단으로 제공되어서는 안되고, 이것이 복지정책으로 전환되어야 한다는 것이다. 따라서 우리도 주택정책이 복지정책이 되어야 한다는 가정하에 노력을 경주하기로 하였다.

< 출처 > 「사회정책연구」 제 13집 머리말(1991. 7. 20

< 참고 > 한국사회복지대학협의회 편, 「사회복지전달체계와 사회복지사의 역할」 머리말,

2. 1990년대 개혁과제

제 7차 경제사회발전 5개년 계획과 사회복지계획

정부는 금년부터 제 7차 경제사회발전 5개년계획을 마련하여 실시하고 있다. 이 중에서 사회정책과 관련이 가장 깊은 사회보장 계획이 과거에 비하여 많은 특징을 지니고 있다. 첫째는 사회보험 계획에 있어서 국민연금의 확대, 특히 농어민연금을 실시하고 실업보험을 준비하기로 되어 있으며, 둘째는 사회복지서비스에 있어서 재가복지서비스에의 탈시설화와 사회복지전달체계의 확립과 사회복지전문가의 개입을 제시하고 있다.

이러한 정책 방향은 비록 복지국가 건설을 위하여서는 대단히 미흡한 것이라고 할지라도 과거에 비하여 상당히 진일보한 것이다. 그런데 매우 유감스러운 것은 의료보험 계획이 단순히 의료부문으로 전환된 것이다.

내년도 사회복지 부문의 예산결정과정에 있어서 정부 부처 간 벌써 제 7차 5개년 계획의 특징이라 할 수 있는 사회복지전달체계의 시범사업 마저 제대로 합의가 되지 못하고 있다고 한다. 즉 복지사무소의 설립이 사회복지사업의 발전을 위하여 가장 바람직한 정책 방향이지만 제 7차 5개년 계획 기간에 현재 많은 문제가 노출되고 있는 많은 사회복지관의 설립과 업무상 중첩된 문제가 예견되고 있다.

원래 시·군·구에 한 개의 복지관을 설립하기로 하였으나 복지부는 인구 10만 단위로 1개의 복지관 설립을 원칙으로 제시하였고, 그 후 노인, 장애인 복지관 등을 설립하여 서울의 경우, 한 개의 자치구에 10여개의 복지관이 설립되어 소위 복지관 공화국이 되었다. 정부가 제 5차 5개년 계획 시 사회복지관의 시범사업을 실시하지 말고 바로 복지사무소를 실시하였다면 이러한 낭비적이고 중첩된 문제점을 예방할 수 있었을 것이다. 어쨌든 업무상 중첩되는 복지사무소와 복지관의 합리적인 조정계획이 미리 마련되어야 할 것이다.

지난 날 우리나라 사회복지정책은 일본의 것을 많이 모방하였다. 하지만 최근에는 상당히 자주적인 정책 방향을 모색하고 있다. 이러한 것은 사회복지정책에 대하여 이론상으로나 실천상에 있어서 그 만큼 자주적 역량이 축적된 것을 의미하는데, 이것은 무엇보다도 관학협동에서 비롯된 것이 아닌가 한다. 어떠한 정책 형성 과정에 있어서도 관주도형을 탈피하고 정치인, 학자, 공무원, 실무종사자들간 허심탄회한 의견교환과 정책토론에 의해서 가능하다고 본다.

이러한 논의가 우리나라의 현실적 조건을 무시하거나 선진국가의 경험을 소홀히 해서는 안될 것이다. 그러한 것을 고려하면서 사회변화와 국민의 욕구에 따른 미래지향적 정책대안이 나와야 될 것이다.

< 출처 > 「사회정책연구」 제 14집 머리말 (1992. 8)

신한국, 신경제 건설과 사회복지의 후퇴

정부는 문민정부 하에서 새로운 개혁을 위한 작업에 골몰하고 있다. 이러한 개혁의 기본 방향은 부정부패의 척결과 신한국, 신경제의 건설이 아닌가 한다. 부정부패 척결은 과거 5, 6공 시절 정치인 및 관료들의 개인적 비리에 주요 관심을 두고, 사회의 제도적 구조적 비리에 관한 것은 매우 약한 것 같다. 그리고 신한국 건설에 있어서 신경제는 성장론에 치우친 감이 있고 신복지는 과거에 논의된 것의 재탕에 불과한 것 같다. 문민정부가 개혁을 통한 신한국 건설이 주로 개인적 비리와 성장경제론에 치우치다가 보면, 과연 국민이 바라는 신한국이 될 수 있을지 걱정이다.

사실 복지분야에 있어서 가장 시급하고 주요한 정책과제가 의료보험의 통합 일원화인데 이것에 대한 무관심이 우리나라 사회보험정책의 기본 방향을 잘못 설정하고 있다. 그리하여 그간 통합법안인 국민의료보험법의 복원을 위하여 다시금 사회보장연구회원들의 건의가 있었다. 이에 대한 정부의 회신을 받았으나 의료보험의 개혁에 대한 의지는 매우 약한 것 같다. (부록 2 참조)

한편, 우리는 지난 해 한국인의 박탈구조를 파악하기 위하여 전국적인 조사를 실시한 바 있다. 박탈의 개념이 빈곤 및 불평등과 어떠한 관련이 있고 그 수준이 어떠한 상태에 있으며, 특히 이것이 기본 욕구를 중심으로 파악되었을 때 그 심각성이 어느 정도인가를 알아보았다. 그 결과 우리나라의 빈곤이나 박탈 및 불평등의 개념이 절대성보다도 상대성의 의미가 더욱 크고 절대적 박탈감이 매우 약하다는 것을 알게 되었다. 박탈모형을 객관적 박탈조건과 주관적 박탈감을 교차분석하여 9개의 박탈모형을 조사한 결과, 완전 박탈형은 1.7%에 불과하고, 현실안주형(43.5%)과 현실만족형(20.1%)이 가장 많았다.

지난 해 김영삼 대통령이 선거공약으로 내세운 영유아보육사업의 확충계획에 대하여 그 타당성이 논란될 수 있다. 그는 무상보육을 실시하면서 국민연금기금에서 민간보육시설 확대를 위하여 시설 당 약 15억원을 지원(대출)하였다. 사실 보육사업이 영세하고 비영리사업이기 때문이 이 대출금을 갚기 어려운 실정이다. 결국 연금기금을 탕진한 결과를 초래하였다. 그래서 현재의 영유아보육사업 및 그 연구 결과에 대한 올바른 이해가 필요할 것 같아서 두편의 논문을 게재하였다. 사실 김대통령의 공약사업은 보육사업에 대한 욕구(수요)조사가 잘못된 것에 기초한 것이 아닌가 생각한다. 정부는 보육 요구비율이 56%라고 주장하고 있지만 실제로 서울특별시의 경우 20% 미만에 불과하고 미국의 경우도 대부분이 가정보육이며 시설보육은 전체 아동의 10%미만이다. 어쨌든 우리나라의 올바른 보육정책과 서비스의 개발이 요구된다.

< 출처 > 「사회정책연구」 제 15집 머리말(1993. 8)

사회보장제도는 보편적 복지정책이다.

최근 정부는 '신한국' 창조를 위하여 많은 개혁적인 노력을 경주하고 있다. 사회복지분야에 있어서도 개혁 작업을 위한 3가지 보고서를 발표한 바 있다. 첫째는 의료보장개혁위원회의 '의료보장 개혁과제와 정책방향(1994년 6월)'이고 둘째는 사회복지정책심의위원회의 '사회복지 정책과제와 발전방향(1994년 6월)'이며, 셋째는 농어촌발전위원회의 '농정개혁의 과제와 방향(1994년 7월)'이다.

이 보고서에 나타난 개선안이 과연 '신한국' 창조를 위한 것이 될 수 있는지 매우 의심스럽다. 그러한 의문은 현재의 사회복지분야, 특히 사회보험제도가 비효율과 불평등의 주요한 요인이 되고 있는데 이것을 그대로 방치하고 있다는 것은 바람직하지 못한 것이기 때문이다. 이 보고서 중에서도 보건사회부가 주도한 의료보장개혁안과 농발위의 것은 그 정책 방향이 매우 상이하다. 즉, 의료보험에 있어서 전자는 현행 조합주의의 '개선안'이라면, 후자는 통합주의에의 '개혁안'을 제시하고 있다.

우리나라 사회보장제도가 비록 선진국가의 경우에 비하면 늦게 시작되었고, '선성장, 후분배', '적용가능한 계층', '수익자 부담'의 원칙 등 정책적 현실적 여건 하에 잘 못된 외국의 것을 모방함으로써 많은 문제점을 야기하고 있다. 가장 중요한 문제점은 사회보장의 기본 목적과 원리에 위배된 제도와 정책의 운영으로 사회통합과 발전에 역행하고 있다는 것이다. 다시 말하면 사회보장의 기본 원리라 할 수 있는 기회균등과 최저수준 및 재분배의 효과가 보장되지 않음으로써 사회의 불평등과 불균형 및 비효율 등의 문제를 초래하고 있다는 것이다.

정부가 개입한 사회보험이 이러한 문제를 조성하고 있다는 것은 지탄을 받지 않을 수 없다. 이러한 문제는 한국 사회보험을 사보험으로 착각하는 데서 비롯되었다. 또한 그 특징인 분립체계, 조합주의, 선택주의 등 제도적 결함에서 비롯되고 있다. 따라서 사회보장 제도의 결함을 시정하기 위한 개혁적 노력이 시급한 과제가 되어 있다. 그런데 불행하게도 그간 많은 전문가들이 이러한 문제를 끈질기게 제기하고 있지만 정부는 이것을 수용하지 않고 있다. 그 동안 사회보험, 특히 의료보험을 사보험 시 하던 일부 관료 및 학자들이 자기가 주장한 이론이 현실적으로 거짓으로 판명되었음에도 그것을 시정하려는 노력은 전연 없는 것이다.

우리나라의 사회보장제도는 선진 국가에 비하여 매우 낙후되었고 비록 실시되고 있는 프로그램마저 그 내용이 매우 부실하다. 아직 실시되고 있지 않는 것은 실업보험과 가족수당 그리고 자영인연금이며, 실시되고 있는 것일지라도 5인미만 사업장의 악성 피보험자인, 보험료를 내지 못하는 국민의 약 5%가 의료보험의 혜택을 받지 못하고 있다. 심지어 진료비와 자부담률이 적어도 52%~82%가 된다는 것은 큰 문제가 되지 않을 수 없다.

이와 같이 가난하고 사회적 위험율이 높은 국민은 제외되고 잘사는 사람만 적용하는 우리나라의 사회보험제도는 개혁되어야 할 것이다. 이러한 결과가 나타난 것은 사회보험을 사보험시 하고 보편주의 원칙이 적용되지 못하였기 때문이다.

그리하여 우리나라 사회보장개혁의 기본 방향은 무엇보다도 전체 국민을 대상으로 한, 보편주의 원칙이 적용되어야 하고 자유주의 사회보험의 기본 원리가 준수되어야 한다. 그리고 현재 직종별로 분립되어 있고, 직장 및 지역별 조합으로 운영되며 심지어 그것이 행정부서별로 관리운영되고 있는 사회보험 프로그램을 하나의 체계(예컨데, 사회보장청)로 통합 일원화 되어야 한다. 이러한 일원화는 장차 사회보험 뿐만 아니라 그것에 사회부조도 통합되어야 하고 그 재정도 통합되어야 할 것이다.

이와 같이 사회보장제도가 통합 일원화되면 정부의 재정지출도 최소화 시킬 수 있으며 동시에 사회보장의 균형(평등)과 효율성을 극대화 시킬 수 있는 것이다.

우리가 사회보장제도를 하나의 체계로 통합 일원화 하자는 것은 현행 사회보장 제도가 불평등과 불균형을 조장하고 낭비를 초래하기 때문이다. 그렇다고 현행 사회보장제도를 사회주의 방식(예, 조세방식)으로 개혁하자는 것이 아니고 현행의 자유주의 방식(예, 보험방식)을 운영하자는 것이다.

사회보장제도의 기본 목적은 국민의 최저 기본욕구(소득, 보건, 교육, 주택 등)를 해결하여 주자는 것이지 사회불평등을 근본적으로 해소하기 위한 것은 아니다. 그러나, 이러한 제도의 잘못된 운영으로 불평등과 낭비가 초래되고 사회적 통합이 저해되고 있는 것은 묵과할 수 없다. 국민의 기본 욕구가 해결되면 사회는 안정되고 자본주의는 건강하게 발전할 수 있다.

< 출처 > 「사회정책연구」제 16집 머리말(1994. 10)

지방자치단체의 사회복지발전 방향은 무엇인가?

지난 해 지방자치제가 실시되면서 지방자치단체별 사회복지 계획을 마련하기 위한 노력이 나타나고 있다. 지방 자치단체별 지역발전연구원을 설립하여 사회복지 계획안을 마련하고 있으나 그 내용이 대단히 부실하다. 부실한 계획안이 마련되고 있는 것은 아직도 사회복지사업이 국가정책화 되어 있기 때문에 지방정부가 독자적 계획안을 마련하기에는 한계가 있고, 이것을 입안할 수 있는 전문가가 거의 없게 때문에 그러한 것이다.

한편, 민간단체는 지방자치 시대에 있어서 민간복지 활동의 방향을 모색하기 위한 사회복지 대회를 많이 조직하고 있다. 이러한 모임에서 민간복지의 활성화를 위한 주장을 하고 있으나 관주도형 민간복지사업의 한계 때문에 자주적인 활동을 하지 못하고 있다. 민간복지는 민간단체의 자율성과 민주성 및 전문성에 기초하여야지 관주도형으로는 되지 않는다. 이러한 한계가 우리나라 사회복지를 낙후시키는 주요한 요인이다.

정부는 최근 사회복지 개혁을 위한 국민복지기획단 등 많은 관조직인, 위원회의 보고서가 있었지만 그 내용은 개혁안이라기보다 지엽적인 개선안이거나 재탕, 삼탕하는 것이 대부분이다. 사실, 우리나라 사회복지제도(법령) 뿐만 아니라 정책(시책)에 있어서 근본적인 개혁을 할 것이 대단히 많다. 이러한 개혁을 위한 21세기형 복지이념과 방향을 재 정립할 필요성이 있다. 그럼에도 불구하고 정부의 복지정책이나 개혁은 항상 '한국형'을 내세우면서 관주도형 관치주의를 합리화 시키려고 한다. 사회복지를 왜 행하고 개혁되어야 하는 지에 대한 철학이 빈곤한 것 같다.

우리는 최근 지방자치와 사회복지에 대한 관심을 갖고 일련의 연구사업을 행하였다. 하나는 지방자치단체(경기도 의왕시)의 사회복지 계획을 수립하기 위한 연구이고 다른 것은 시설보호사업의 새로운 방향을 모색하기 위한 것이다. 지방자치단체의 사회복지 계획에 관한 연구결과는 독자적인 계획안을 마련하는데 한계가 있지만 사회복지 계획을 수립하는 방법과 그 기본 틀을 제시하고 있다는 데 큰 뜻이 있을 것 같다.

다른 것은 시설보호정책의 근본적 개혁을 위한 것이다. 시설보호사업은 우리나라 사회복지의 핵심의 하나라고 볼 수 있는데 아직도 구태의연한 시책과 사업을 행하고, 이것이 사회변화와 수요를 제대로 충족시키지 못하고 있다. 이러한 결과로 많은 비인가 시설과 요보호대상자가 발생되고 있는 것은 정부의 책임이라도 하지 않을 수 없다.

비인가 사회복지시설은 우리나라 사회변화, 특히 고령화와 핵가족화 및 맞벌이로 인하여 발생된 요보호자이지만, 이들이 인가시설에 보호를 받지 못하는 이유가 무엇이며 또한 인가시설의 보호대상자와 어떠한 차이가 있는지는 규명할 필요성이 있다. 이러한 필요성 때문에 사회복지법인이 운영하는 인가시설과 비인가시설에 대한 전수조사를 올 해 실시하였다.

< 출처 > 「사회정책연구」제 17집 머리말(1996. 12. 10)

사회복지사업은 탈시설화 되어야 한다.

최근 우리는 사회복지 시설보호사업 즉 인가시설과 비인가시설 그리고 피수용자에 대한 전국적인 조사를 하였다. 그리하여 지난 호에는 시설보호제도와 인가시설에 대한 연구결과를 발표하였다. 이번 호에는 비인가시설과 시설지원사업에 대한 조사결과를 발표하였다.

6.25 전란이후 시설보호사업이 우리나라 사회복지의 핵심이 되어 왔고 아직도 시설보호사업이 발달하고 있는 것은 큰 문제라고 하지 않을 수 없다. 시설보호의 대상이 되기 전 이들을 예방하는 것이 가장 바람직하다. 그리고 기존 전문시설에서 보호할 수 있는 요보호자를 따로 보호하고 있는 것, 예컨대 부랑인 보호시설은 매우 잘 못된 것이다. 최근 말썽이 시끄러운 형제복지원은 부산시가 조치권을 포기하였고, 형제복지원은 사회복지법령에 기초한 보호조치를 하지 않은 것에서 비롯된 것이다 .그리고 시설보호의 대상이 불필요한 경우도 있지만 고령화 및 맞벌이 부부 등으로 시설보호(요양시설)가 필요한 경우가 많이 발생되고 있다.

이러한 사회적 요구에 대하여 적절히 대응하지 못하기 때문에 비인가 시설 및 피수용자가 많이 발생되고 있는 것이다. 따라서 고령노인과 장애인을 위한 보편적 시설보호사업을 개발할 필요성이 제기되고 있다.

반면, 구미에서는 탈시설(deinstutionalization)를 주장하고 있다. 특히 정신보건사업에 있어서 탈시설의 논리가 무엇인지를 알기 위한 논문을 게재하였다.

이번에 게재된 소년소녀 가장도 주로 결손가정, 특히 부의 사망과 모의 가출·재혼 등으로 발생되고 있지만 이것을 예방하기 위한 조치가 필요한다. 소년가장, 기아, 미혼모, 장애노인 등 요보호자의 발생 원인에 대한 적절한 예방책이 강구되지 않으면 기존의 치료적인 사회복지제도와 시설이 더욱 증설·강화될 것이다. 이러한 것을 해결하기 위하여 최근 미국의 복지개혁을 참고할 필요가 있다.

최근 정부에서는 사회복지사업법을 개정하려고 하는데 정부의 구상이나 소위 전문가(교수)들의 의견이 지엽적인 문제를 제기하고 우리가 주장한 근본적인 문제를 제기하지 못하고 있다. 사회변화에도 불구하고 사회복지제도(법령)와 시설이 개혁되지 않으면 새로운 문제를 일으키는 것이다.

그간 사회복지시설 조사에 참여하여 고생을 많이 한 중앙대학교와 숭실대학교의 대학원생 및 학부생에 깊은 감사를 드리고, 특히 자료 처리에 고생한 임유경 연구원의 노고를 치하하는 바이다.

< 출처 > 「사회정책연구」 제 18집 머리말(1997. 7)

경제위기의 원인은 무엇인가?

뜻하지 않은 IMF체제로 말미암아 온 국민이 시름에 잠겨 있다. 지난 해 연말 갑작스러운 외환란, 경제위기, 국가부도에 직면하게 되어 이것을 해결하기 위하여 신정부는 온갖 정성을 쏟고 있다. 그런데 이러한 위기상황을 초래한 정치인, 경제인, 외국자본가(고리대금) 보다도 노동자들과 자영업자들의 희생이 강요되고 있다.

이러한 위기가 나타나게 된 것은 그간 정부가 국제화, 세계화를 부르짖으면서 우리 경제의 자주성을 강화시키지 못한 채 시장개방, 특히 자본개방 정책을 강구하면서 초래된 것이다. 또한 그간 우리나라 경제 발전을 지나치게 외부 자원, 특히 외국독점자본에 의존하였고 또 내부의 자원개발과 생산관계에서 자분축적, 즉 이윤추구를 경시한데서 비롯된 것이다. 이번 경제위기도 주로 환 차익을 노린 종금사, 은행, 대기업 등 국내외 독점자본(주로 일본과 미·영 등)의 돈놀이에서 비롯된 것이다. 신정부도 외자(외채) 도입에 의하여 경제위기를 극복하려고 하나 이것도 장차 새로운 경제 및 정치위기를 초래하는 요인이 될 것이다. 비록 시급한 불을 꺼야 되겠지만 이러한 일면적인 접근을 재검토되어야 한다. 최근 구조조정, 실업대책 등도 우리가 갖고 있는 인력, 자원, 자본을 최대한 가용하여 생산자원화 시키는 노력이 시급히 요청된다. 이러한 노력은 기존 기술관료 출신의 정책 발생에서 찾기 어려운 것이다.

한편, 내부의 자원을 효율적으로 가용하기 위해서는 무엇보다 비효율적이고 비생산적이며 비자율적인 요소를 잘라내는데 제도 및 구조개혁이 선행되어야 한다. 그럼에도 불구하고 기존의 사회 구조를 온존시키며 보수세력이 판을 치고 있다.

신정부는 기존 지배세력의 대체기능을 수행하고 있는 것 같이 보인다. 이것은 금물이다. 국민들이 신정부에 기대하는 것은 지역 감정의 극복, 자주적 민족통일, 민주화 및 복지국가의 건설이라는 것을 명심해야 한다.

최근 신정부는 대선공약, 대통령직인수위원회, 노사정 합의 등에서 의료보험의 통합일원화 뿐만 아니라 4대 사회보장제도의 통합 등을 주장하고 있다. 매우 다행스러운 일이다. 이러한 주장을 우리 연구소의 많은 연구 결과와 본 지에서도 누차 주장하였던 일이다. 우리는 비록 정부조직에 있어서 기술관료들의 변화가 없지만 그 개혁안이 잘 개화될 수 있도록 기원한다.

이번 호에도 우리나라 사회보장제도의 핵심 프로그램인 연금, 의료보험, 산재보험, 고용보험, 생활보호사업이 왜, 그리고 어떻게 개혁되어야 하는가를 사회불평등, 즉 계층화의 관점에서 그것을 규명하고, 나아가 역계층화 방안을 제시하여 보려고 한다.

< 출처 > 「사회정책연구」 제 19집 머리말(1998. 6)

선진국가에는 재가복지사업이 발달하여 있다.

최근 노인인구는 급속히 증가되고, 반면에 가족해체, 도시화 및 맞벌이 부부의 증가 등으로 노인보호·부양의 문제가 커다란 사회적 과제로 대두되고 있다. 노인문제가 급속히 증가하면서 고령노인을 시설에 수용·보호하는 경향이 나타나고, 이것이 오히려 새로운 사회문제(기노, 시설병, 비용증가)를 초래하게 되어 탈시설화 정책방향이 제기되고 있다.

우리나라와 같이 가족 및 사회적 조건이 유사한 일본의 경우 지난 10년 동안 급속히 노인보호사업, 특히 재가노인복지사업이 발달하고 있다. 예컨대 '고령자 노인복지 대책 10개년 계획', 즉 골든 플랜, 신골든 플랜 등을 수립, 실시하다가 엄청난 노인보건비 등으로 공적 개호보험제도를 만들었다.

선진국가에서는 시설보호 보다도 가정보호, 특히 재가복지서비스가 발달하고 있다. 우리나라의 경우 아직도 선진국가에 비하면 가족보호(부양)가 발달되어 있지만 선진국가의 전철을 밟지 않기 위해서도 세제개혁 뿐만 아니라 재가노인복지 서비스를 발달시킬 필요가 있다.

그러나, 우리나라의 경우 이러한 과제에 대하여 매우 소홀히 하고 있다가 지난 해 노인복지법이 전문 개정하여 재가복지사업을 명문화 시키고 있지만 매우 초보적인 것들이다. 그리하여 재가노인복지사업과 그 프로그램 그리고 그 전달 체계는 확립되어 있지 못한 실정이다. 이에 대한 효과적인 방안을 모색할 필요성이 있다.

서울시의 재가노인복지사업은 다른 지방광역단체에 비하여 선도적인 사업을 전개하고 있지만, 기존의 노인복지사업, 즉 가정도우미, 방문간호사업, 경로당, 노인학교, 노인종합복지관 등의 활성화나 이와의 연계사업을 제대로 발달시키지 못하고 있다.

그리하여 우리는 서울특별시와 공동으로 재가노인복지서비스 전달체계의 개선을 위한 노인복지연찬회를 개최하였다. 이 연찬회를 위하여 가정봉사원 파견사업, 주간보호사업, 단기보호사업, 그리고 노인종합복지관 사업의 평가 조사를 실시하였다. 이러한 평가조사의 결과를 참조하여 노인복지전달체계와 재가노인복지사업 및 노인종합복지관의 실태와 과제 및 그 방향을 모색하기로 하였다.

이 연찬회를 위하여 원고 집필과 발표 및 토론을 하여 주신 전문가들에게 깊은 감사를 드린다. 특히 단기간에 재가노인복지사업의 평가조사에 참여하여 준 한국복지정책연구소의 연구원과 중앙대 사회복지학과 4학년 학생들에게 깊은 감사를 드린다. 그리고 이번 연찬회를 가능하게 재정 및 행정 지원을 해 주신 서울특별시 관계자에게 깊이 감사하는 바이다.

< 출처 > 「사회정책연구」 제 20집 머리말(1998. 10)

3. 2000년대 개혁과제

IMF체제는 신빈민층을 양성하였다.

최근 정부는 사회복지 개혁으로 어려운 처지에 놓여 있다. 정부의 복지개혁은 이미 국민적 합의가 이루어진 연금, 의료보험, 의약분업, 생산적 복지가 주요한 개혁과제이다 이러한 과제 중에서 연금개혁은 이미 자영자 소득파악 문제로 1년 전 진통을 겪었고, 의료보험도 직장의보 노조의 강력한 반발이 있었으나 500만 명 허위 진정사건 등으로 오히려 국민의 분노를 자아내었으며, 의약분업은 1년간 연기된, 금년 7월 1일 의약계 및 시민단체의 합의로 실시하기로 되었으나 의료계의 강력한 반발로 이들의 요구를 수용하느라고 여념이 없다. 그리고 생산적 복지는 그 개념이 불명확하여 '이현령 비현령'(耳懸鈴 鼻懸鈴)의 격이 되어 있다.

이러한 복지개혁이 제대로 실시되고 있지 않은 것은 여러 가지 이유가 있겠으나 근본적으로 오래 동안 누렸던 기득권자의 집단이기주의에서 비롯되고, 이러한 개혁과제를 스스로 해결하지 못한 관료들의 보수적 행태에서 찾아 볼 수 있다. 심지어 일부 언론은 반개혁적 여론을 조성하고 있다. 따라서 이 두 가지 병폐를 치유하기 위한 올바른 정책 방향(전문성)과 강력한 정치적 리더쉽이 요구된다. 최근 복지개혁의 저항요인은 사회정의와 국민통합을 저해하는 것들이고 동시에 이러한 것에 대처하기 위한 정책 개혁(개발)이 그간 없었기 때문이다.

지난 2년간 외환위기로 우리나라 경제가 IMF의 체제로 들어가면서 한국자본주의의 성격을 그대로 노출하였다. 특히 많은 실업문제와 빈곤대책이 나타났다. 그러한 주요 대책의 하나가 '노숙자 문제'이다. 정부는 이 노숙자 문제를 기본적으로 비전문적 대응으로 오히려 노숙자를 증가시켰고 심지어 '왕자병'에 걸리게 하였다. 이 왕자병에 걸린 노숙자 문제를 심층적 연구를 해 볼 필요가 있다. 노숙자 문제는 IMF 이전에도 벌집 또는 쪽방 거주자나 부랑인 등으로 불리우는 실업자, 빈민들이 있었고, 이들과 연계되어 노숙자가 나타나기 때문에 먼저 노숙자, 쪽방, 부랑인의 발생원인과 대책을 검토하여 보고, 또 이들에 대한 정부의 대책, 주로 공공근로사업의 과제가 무엇인지를 검토하여 보기로 하였다.

한편, 노숙자 문제와 관련이 되지만, 사회복지 개혁에서 제외된 요보호자를 위한 생활보호사업과 사회복지 서비스에 대한 근본적인 개혁이 요구되고 있다. 정부는 생활보호사업법을 국민기초생활보장법으로 바꾸었지만 시책은 여전히 전자와 같다. 이것은 발생된 요보호자를 전문기관(전문가)에 의하여 합리적으로 처리되지 못하고, 오히려 요보호자와 사회복지 시설을 대량으로 발생시키고 있다는 것이다. 이것은 사회복지사업법의 요보호자에 대한 조치권, 즉 '선조치 후보호'가 제대로 명시되어 있지 않고, 오히려 '선보호 후조치'가 발생됨으로서 소위 노숙자와 같은 요보호자의 왕자병이 발생되고, 오히려 이들의 의존성(dependancy)을 강화시키고 있는 것이다.

< 출처 > 「사회정책연구」 제 21집 머리말 (2000. 8)

신자유주의 정책의 대응방안은 무엇인가?

우리 연구소가 창립된지 만 20년이 되었다. 그간 우리는 설립목적을 충실히 이행하기 위하여 많은 조사연구와 정책개발, 그리고 이것을 실천하기 위한 선도적인 역할을 하였다.

본 연구소가 창립할 당시만 하여도 경제개발 5개년 계획사업으로 농민이촌, 빈민촌, 실업, 가출, 기아, 범죄, 비행 등 사회문제가 대단히 심하였다. 그러나 당시에는 전통적인 사회복지사업, 즉 구호사업이 그 핵심이었지만 새천년을 바라보는 오늘날 사회보험을 비롯한 복지정책은 엄청나게 발전하였다. 그럼에도 불구하고 선진 복지국가에 비하여 아직도 매우 낙후되어 있으며 그 내실화가 요구되고 있다.

지난 30여년간 7차의 경제개발 5개년 계획을 추진하면서 정부는 '선성장 후분배', '수익자 부담 원칙', '선가정보호 후사회보장'을 주장하여 복지는 상대적으로 매우 낙후 되었으나 그간 성장된 복지인력과 사회행동의 결과 복지국가의 기본 틀은 상당히 마련되었다. 그러나, 최근 닥친 외환위기와 IMF의 지배체제는 신자유주의적 세계화 정책을 우리에게 강요하였다. 그러한 결과 사회복지정책의 핵심적 과제인 빈곤과 불평등은 더욱 심화되고 있다.

이러한 상황에서 우리는 세계화에 대응하기 위한 정치적 경제적 사회적 노력이 필요하겠지만 무엇보다도 복지국가 건설에 역행되는 신자유주의 정책을 비판하고 새로운 대안을 모색하는 것이 시급한 과제라 할 수 있다.

그리하여 본 연구소는 창립 20주년 기념 학술회의의 대주제로 「세계화와 한국의 사회보장」을 선정하였고, 이것을 계기로 본 연구소는 새천년 복지정책의 조사연구와 출판사업의 새로운 방향을 모색하여 보려고 한다. 과거와 같은 실증적 조사연구 보다는 오히려 이론적·정책적인 과제에 대한 검토와 방안을 제시하는 것이 더욱 중요할 것 같다. 이론적·정책적 방안은 외국의 경향도 중요시 하여야 되겠지만 그 보다도 우선 우리나라의 경우를 비판하고 검토하여야 되겠다.

한편, 1972년 '7.4 공동성명'과 2000년 '6.15 남북공동선언'으로 이젠 화해와 교류 및 협력을 통한 민족의 자주적 평화통일을 위한 노력이 시급한 역사적 과제가 되었다. 지난 50년간 분단과 냉전으로 막대한 군사비 등이 지출되었고, 그로 말마암아 민족의 분열과 낙후, 그리고 빈곤과 불평등이 심화되었다. 이러한 문제를 해결하기 위한 노력은 무엇보다도 민족 통일과 복지정책이 우선되어야 한다.

< 출처 > 「사회정책연구」제 22집 머리말(2000. 10)

사회복지관의 정체성을 확립하자.

최근 사회복지사업법의 개정으로 보건복지부장관 및 시·도지사는 3년마다 1회 이상 사회복지시설에 대한 평가를 정기적으로 실시하여, 이를 시설의 감독, 지원 등에 반영하게 되어 있다. 그리하여 전국적으로 종합사회복지관을 비롯하여 사회복지시설이 평가를 받느라고 고생하고 있다.

사회복지시설이 그간 법령과 지침에 따라 해당 관청의 지도·감독을 받아 왔지만 사업(프로그램)과 이용자(요보호자)에 대한 평가는 거의 실시되지 못하였다.

사회복지관은 최초에 빈곤(생활보호대상자)을 퇴치하기 위한 시설이었으나 그 후 종합사회복지사업을 실시하였다. 지방자치단체는 인구 10만 단위로 복지관을 설치할 수 있는 복지부의 시행 지침에 따라 특히 대도시에는 많은 복지관이 설립되었다. 그러나 이에 대한 올바른 지침과 충분한 사업비가 제공되지 않음으로 해서 많은 복지관이 소위 수익사업(특히 사회교육사업)을 하게 되었다. 이러한 사업이 시장과 충돌하게 됨으로서 공무원들은 이것을 백안시 하였다. 그러나 사회교육사업은 전통적으로 인보관, 사회복지관의 주요한 사업이었다.

한편, 정부는 행정조직의 개편으로 읍·면·동 사무소를 주민자치센타화 하였다. 주민자치센타의 프로그램이 주로 종합사회복지관의 업무와 중복되어 나타나고 있다. 여기에서 종합사회복지관의 위기와 정체성의 문제가 나타나게 되었다. 사회복지관이 현재의 위기를 극복하고 고유한 정체성을 확립하기 위하여서는 무엇보다도 지역사회에 있어서 공적 복지시설로서 위상을 정립하여야 한다. 즉 사회복지관이 무엇을 해야 할 것인가를 심각히 고민해야 할 것이다. 이러한 문제를 해결하기 위하여서는 종래 타성적인 사회복지관의 역할을 개혁하지 않고서는 어려운 것이다.

이러한 문제의식에서 본 연구소는 지난 해 「사회복지관 평가지표」를 개발하였고[5] 이것에 따라 2000년도 서울특별시 사회복지관을 평가하여 보았다.

또한, 2001년도 서울시 사회복지관 평가를 위하여 지난 해 평가지표를 복지관에 대한 전수조사, 설명회 등을 통하여 수정하였고, 구체적인 프로그램 작성 지침을 참고 자료로 제시하였다. 2001년 서울특별시 사회복지관 평가지표는 그 초안이 본 연구소에서 개발된 것이지만, 그 동안 평가위원회에서 사회복지관 협회의 요구를 검토하여 수정하였으며, 나아가 서울특별시 사회복지위원회의 심의를 거쳐 확정된 것이다.

이러한 평가지표의 개발과 평가 도구 및 설명 자료를 마련하느라고 고생한 연구원과 보조연구원들에게 깊은 감사를 드린다.

< 출처 > 「사회정책연구」 제 23집 머리말(2001. 10)

---

5) 김영모, 김연명, 이재완 외 공저, 「사회복지관 평가지표」, 2000년 참조

복지개혁의 이념적 논쟁이 일어났다.

금년 12월 대통령 선거와 6월 지방자치단체장의 선거가 있다. 특히 대선 후보를 선출하기 위한 소위 국민경선이 시작되면서 여·야 간, 후보 간 이념논쟁이 활발하다. 그런데 이념 논쟁이 잘 못되어 있는 것이 큰 문제다.

최근 한나라당(야당)은 현 정부를 '좌파적 정부'라 하고 새천년 민주당(여당)은 이러한 주장에 대하여 야당을 '수구 냉전세력'이라 하며, 자기 당을 중산층과 서민을 위한 '중도개혁 정당'이라고 한다.

한편, 여당의 한 후보는 스스로 중도 개혁론자라 하면서 다른 후보를 '급진 좌파'라고 몰아세운다. 그리고 야당의 한 후보는 자기를 스스로 '보수 원조'라 하고, 다른 후보는 '진보적' 또는 '온건 개혁론'이라고 한다. 과연 이들이 주장하는 정치적 이념이 옳은 것인가? 한 마디로 말해서 대부분 잘못된 주장을 한다. 심지어 국민의 다수는 보수적이라고 아전인수식으로 해석한다. 그런데 많은 여론조사 결과는 이와 반대의 경우가 많다.

사실 현 DJ정부를 '좌파적 정부' 또는 '중도개혁 정당'이라고 한 것은 잘못된 것이다. 현 정부는 IMF, IBRD 등과의 협약을 충실히 이행하는 신자유주의, 즉 신우파적 정부라 할 수 있다. 경제정책은 말할 것도 없고 사회정책으로 대표할 수 있는 '생산적 복지', '의료보험 개혁'도 그 대표적인 것이다. 그리고 여당의 노선이 '중도 개혁'이라 하는데 이것은 무엇을 의미할까? 중도파는 우파도 좌파도 아닌 것을 말한다. 다시 말하면, 이념상으로 수정자유주의, 민주사회주의, 사회민주주의 등을 말할 수 있다. 이러한 이념은 자본주의(시장경제)의 결함(빈곤, 실업, 비효율성, 부도덕성 등)을 시정하자는 것이고 민주주의와 복지국가를 지향하는 것이다. 그렇지 못한 우리나라의 정치 · 경제 · 사회 등 분야의 제도와 정책을 개혁하려는 것이 진짜 '중도 개혁론'이다.

최근 까지 우리나라에서는 이러한 이념 논쟁이 각 계에서 터부시 되어 왔다.[1)] 그런데 이것이 전제되지 않고 우리나라의 사회실상을 제대로 파악한다는 것은 매우 어려운 일이다. 동시에 이러한 논쟁이 자기의 학문적 · 정책적 정체성을 확립시켜 주고 그것의 발전에 크게 기여한다. 사실 가치 또는 이념이 전제되지 않는 사회과학 또는 정책과학이 있을 수 있는지 의문이 간다.

한편, 지난 해 민간 사회복지계에서 큰 비중을 차지하고 있는 서울시 종합사회복지관과 한국사회복지협의회는 큰 시련을 겪었다. 전자는 정부의 사회복지시설 평가에 대한 거부운동이고, 후자는 사회복지협의회의 회장 퇴진을 비롯한 개혁운동이라 볼 수 있다. 이러한 운동이 사회복지계의 일부 실무자들이 주도한 것이 특징이지만, 결과적으로 실패한 것이다. 실패한 주요 원인은 개혁주장이 타당한 명분이 없거나 전자의 경우 양자가 정부에의 의존성, 즉 타율성 때문이고, 후자의 경우 회원의 다수(43%)가 정부

1) 이념논쟁 즉 '가치논쟁'이 끝난 것은 6 · 25전란 이후라 할 수 있다. 그래서 '몰가치성', '가치중립', '기능이론', '행동과학'이 그간 우리나라 사회과학계를 지배한 것이다.

및 회장이 지명한 특별회원으로 구성되어 있기 때문이다. 이것은 시급히 개선되어야 한다. 또한 사회복지사들이 주장하는 평가지표나 개혁이 사회적 필요성과 공감을 획득할 때 성공할 수 있는 것이다. 전자는 무엇보다도 올바른 사회복지사업의 정체성이 확립되어야 가능하다.

최근 일본에서는 사회복지서비스에 있어서 신자유주의 정책원리라 볼 수 있는 '민영화', '서비스의 계약제도', '소비자(클라이언트)의 선택권' 등이 상당히 구체화 되어가는 것을 볼 수 있다.

최근 일본 사회복지서비스의 기초구조개혁은 기본적인 4가지 방향은 ① 사회복지서비스의 공급체계를 욕구(Needs)에 따라 다원화, ② 사회복지서비스의 급여체계를 기존 조치제도에 의한 국가책임 이 외 계약제도화(이익분담), ③ 이용자 권리에 기초한 공적, 사적 비용부담체계 문제, ④ 결여된 인권의 강화이고, 7가지 개혁과제는 ① 다원화시대에 알맞은 사회복지사업의 범위 재검토와 규제완화, ② 복지사무소 조치원의 시·정·촌에 이양, 의료보건과의 통합, 민간복지수요의 변화, ③ 사회복지법인의 자주적 활동, ④ 조치권의 이용자측면에서 변화, ⑤ 복지인력의 양성, ⑥서비스질의 향상과 효율화, ⑦지역사회복지시협의회가 정부의 의존보다 민간자원활용에 관심을 두어야 한다는 것이다.

< 출처 > 「사회정책연구」 제 24집 머리말(2002. 4. 19)

건강보험의 재정통합이 불가능한가?

최근 제 16대 대선 공약을 보면, 각 정당의 이념적 · 정책적 차이가 잘 나타나고 있다. 한나라당은 우파이고 민주당은 중간 우파이며 민노당은 중간 좌파인 것 같다. 그리고 건강보험의 경우, 한나라당은 건강보험의 재정을 직장 및 지역별로 분리시키겠다는 것이고, 민주당과 민노당은 이것을 통합시키겠다고 한다. 과연 그렇게 실시할 수 있을까?

지난 해 국회에서 여야 합의로 건강보험의 재정통합을 또 1년 반 유예시켰다. 유예시킨 이유는 자영자의 소득 파악율이 너무 낮기 때문에 봉급생활자(직장의보)가 손해를 본다는 것이다. 과연 그러한 것인가? 이에 대하여 깊은 연구나 주장이 근래 거의 없는 실정이고 1년 6개월 이후 실시하겠다는 정부의 의지나 노력이 전연 보이지 않고 있다. 이러한 것을 보면, 정부는 건강보험의 통합과 실천에 관심이 없는 것 같다.

우리는 지난 학기 대학원 과정에서 자영인 건강보험에 대한 연구를 하였다. 이 때 자영인 보험이 무엇이 문제이고 이것을 해결하기 위하여 무엇을 해결해야 하는가를 알기 위하여 광범위한 논의를 하였다. 이러한 연구를 하면서 여러 가지 새로운 사실을 알게 되었나.

먼저 우리나라 자영인의 규모를 840만설 또는 1,000만설이 있는데 이것이 타당한 가를 고찰하여 보았다. 그러한 결과 이것은 잘 못된 것이었다. 즉 자영인은 현재 460만명에 불과하며 이들 중

다수가 최저 생계비 또는 면세점 이하의 소득수준이다. 그리고 자영인 중에서 가장 크게 문제시 되고 있는 고소득 전문직 자영인(의사, 변호사, 회계사. 법무사 등)은 5만명에 불과하였다.

한편, 자영인들의 소득 파악율이 정부는 19.3%(도시 자영인) 또는 61.9%(농어업 자영인)이라고 하는데 이것도 거짓말이다. 14년전 우리가 조사한 바에 의하면 소득자료(소득원)는 거의 100% 비치되어 있고, 다만 소득액의 차이(3~4배)가 있다는 것이다. 이것은 조정지수(가중치)를 활용하면 대략적인 소득액이 파악 된다. 더욱이 오늘날 최근 신용카드의 발달로 자영인의 소득 파악율이 6할 이상 된다고 한다. 따라서 조세행정이나 보험행정의 기술발달로 쉽게 해결 할 수 있는 것이다. 그렇다면 자영인 건강보험의 관리운영이나 재정의 통합을 연기할 명분이 없는 것이다.

사실 선진국가에서는 자영인 의료보험료를 소득 또는 과세소득을 기준으로 정액 부과 또는 정률 부과 또는 그 혼합형으로 실시하고 있다. 만약 우리나라에서도 전술한 문제점을 해결하지 못하면 선진국가의 제도를 도입하면 될 것이다.

한편, 현행 건강보험 부과체계에 있어서 소득이 아닌 재산이나 가족수, 자동차에 대한 보험료를 부과하는 것은 잘 못된 것이다. 더욱이 보험료 부과에 있어서 현행 등급제와 상한제는 철폐되어야 하고 소득비례제를 실시하여야 한다. 소득이 있는 곳에 보험료(기여금)가 있는 것이 사회보험의 기본 원칙이다.

< 출처 > 「사회정책연구」 제 25집 머리말(2002. 11. 20)

노무현 대통령의 복지정책이 개혁적인가?

금년 2월 말 제 16대 노무현 대통령은 소위 개혁적 복지정책을 표방하였고, 또 4월 27일 사회복지사 자격 국가시험이 실시되었다. 이 두 가지 모두가 사회복지(학)계에 큰 관심거리가 되어 있다.

노대통령의 개혁적 복지정책은 후보 당시의 선거공약이나 당선된 후 대통령직 인수위원회의 복지정책을 보면, 모두 실망하지 않을 수 없다. 실망한 것은 DJ정부의 생산적 복지의 계승과 기초생활보장제도를 보완하겠다는 것이고, 새로운 정책 개발이 거의 없다는 것이다. 생산적 복지는 사실상 미국의 신우파적인 노동연계복지(workfare)의 개념에서 나왔고 기초생활보장도 종전의 생활보호사업과 다른 것이 거의 없다. 더욱이 인수위원회는 사회복지에 있어서 가장 중요한 과제인 건강보험의 통합문제는 언급조차 하지 않았으며, 이미 5년 전 시범사업으로 실패한 보건복지사무소를 재현하겠다고 한다. 그 뿐만 아니라 그간 문제 투성인 사회복지서비스의 전달체계와 그 시책 조차 근본적인 개혁을 하겠다는 의지가 보이지 않는다.

이러한 정책과제 보고서를 보면, 신정부의 복지정책이 개혁적이라고 말하기는 어려운 것 이다. DJ 정부의 경제정책 뿐만 아니라 복지정책도 신자유주의 성격이 강하다는 것은 학계에서는 통설화 되어 있다. 신자유주의 복지정책이 반복지 또는 역복지라는 것은 잘 알 것이다. 이러한 현상이 왜 일어날까? 한마디로 말하면 선거참모나 인수위원들 중에 똑똑한 사회복지 전문가가 없고 기존 관료들에 의존하고 있었다는 것에서 알 수 있다.

한편, 사회복지자격 국가시험이 곧 치를 예정인데 여러 가지 문제가 많다. 이미 많이 지적된 바와 같이 국가시험 과목이나 응시자격의 이수과목이 지나치게 폐쇄성을 지니고, 친미적인 사회사업방법론에 치우쳐 사회복지 현실과 동 떨어져 있다고 한다. 한마디로 말하면 어느 나라의 사회복지사 자격시험이냐고 반문한다. '사회복지교육협의회'가 마련한 「사회복지학 교과목 지침서」는 그 제목부터 고쳐야 한다. 교육협의회가 사회복지학 또는 사회복지교육의 기준인 교과목 지침서를 마련하겠다는 발생 자체가 전체주의 국가에서 볼 수 있는 계획적이고 획일적이며 독선적 발상이라 할 수 있다. 만약 필요하다면 '사회복지사 자격 국가고시 교과목 지침서'를 만들어야 한다. 비록 이것을 위한 것이라 할지라도 본론에서 지적한 많은 문제점을 수정·보완해야 한다. 그리고 사회복지학 뿐만 아니라 사회사업학과 사회복지서비스의 정체성을 살려야 한다.

더욱이 사회복지사 자격증이 없으면 출제위원이 될 수 없다고 하는데 아연 실색하지 않을 수 없다. 자기들 끼리 행사를 누가 인정하겠느냐 하는 것이다. 이러한 것을 보면 사회복지사 국가시험도 근본적인 개혁이 필요하다.

최근 건강보험의 재정통합 때문에 여·야가 상반된 주장을 하고 있다. 국회의 다수당인 한나라당이 기초한 '건강보험 제도개혁 특별위원회 설치 및 운영 등에 관한 특별법안'을 보면 웃음이 나온다. 이것은 전형적인 반개혁 법안이다. 의료보험 통합법안인 국민건강보험법이 제정된 지 3년이 지났음에도 아직도 재정통합의 연기론을 주장하는 것은 매우 우스운 일이다. 의보통합이 DJ 정부의 개혁입법으로 자랑하지만 그간 운영조직이나 재정도 사실상 통합되지 못하였다. 소위 한 지붕아래 두 집 살림을 하고 있다. 왜 이러한 현상이 벌어진 것일까? 그것은 보건복지부가 건강보험의 통합에 관심이 없었고, 정권 교체가 되면 옛날로 되돌아 갈 수 있다고 생각한 것 같다.

이것을 보면, DJ는 의료보험 통합관리에 관심이 없었고 보건복지부는 그간 직무를 유기하였으며, 따라서 DJ 정부의 의료보험 정책은 실패한 것이다. 노무현 정부도 DJ 정부의 전철을 밟을까 걱정이 된다. 신정부의 복지정책이 성공하려면, 사회복지정책의 근본적인 과제가 무엇이고, 이것을 해결하기 위한 올바른 복지정책이 무엇인가를 알아야 하며 특히, 이것을 올바르게 인도할 사람이 필요한 것이다.

우리는 이번 호에 신정부의 출범으로 어떠한 복지개혁이 나타날 지 우선 제 16대 노무현 대통령 후보의 대선공약과 대통령직 인수위원회 및 그간 보건복지부의 정책보고서를 중심으로 진단하여 본다. 그리고 해방후 사회복지 개론서가 약 50여종이 발행되었는데 이러한 책들이 무단 표절 및 전재가 심하다고 한다. 과연 어느 정도 심한지 우선 개론서를 분석하여 그 실태를 파악해 본다.

< 출처 > 「사회정책연구」 제 26집 머리말(2003. 5. 25)

사회복지사 국가시험에 사회복지학의 정체성이 없다.

최근 사회복지학, 사회정책 및 사회복지실천의 학문적 정체성에 관한 논의가 일어나고 있다. 1)

이러한 논의를 보면, 대부분 그러한 이론의 내용이나 제 견해를 소개하고 있다. 이러한 학문의 정체성 논의가 왜 제기되었는지, 그러한 학문이 왜 필요한지, 그리고 어떠한 내용으로 구성되어야 하는지에 대한 논의는 거의 없다.

사회복지학의 학문적 정체성의 위기론이 제기된 것은 오래된 일이지만, 이것이 최근 재론된 것은 사회복지사 국가시험을 위한 '한국사회복지교육협의회' 의 「사회복지학 교과목 지침서」가 발행된 데서 비롯되었다. 이 지침서가 한국 사회복지학의 정체성과 자주성을 훼손하고, 나아가 사회복지학에 대한 잘못된 이해를 시킨다는 비판에서이다.

한편, 사회복지학을 비롯한 사회(복지)정책이나 사회복지실천의 학문이 나타나게 된 것은 그 나라(사회)의 역사적 문화적 배경(특히 자본주의 제도의 결함)과 사회적 필요성(사회적 욕구와 사회문제의 해결) 때문이다. 이러한 점에서, 특히 우리나라의 상황에서 선진국가에서 도입된 학문이 비판적 검토를 거치지 않고 그것을 직수입

---

1) 저자는 2002년 한국사회복지학회 추계학술대회와 「사회정책연구」 제 26집(2003년 5월)에서 '사회복지학 정체성의 위기론'과 '해방후 사회복지학 개론서의 내용 분석'을 통하여 비판과 대안을 제시한 바 있다. 한국사회복지학회, 「사회복지학 정체성의 위기와 도전」, 추계학술대회 자료집, 2003. 10. 24

하는 것은 무책임하다. 더욱이 가치가 전제된 응용사회과학을 탈이념, 즉 기술론으로 인식하는 것은 매우 잘못 되었다. 또한, 교육협의회가 낸 지침서를 금과옥조로 생각하는 것도 잘못 되었다. 왜냐하면 이 지침서는 전문가들이 합의한 결과도 아니고(사실상 있을 수 없지만) '사회복지사' 자격을 시험하는 것이지 '사회복지학'의 학문적 지침서가 되어서는 안 된다. 더욱이 이 지침서를 보면, 그 내용이 미국의 사회사업가(social worker)를 양성하기 위한 것인지, 아니면 우리나라의 사회복지사(사회복지사업법에 규정)를 양성하기 위한 것인지 의문이 간다. 과거처럼 사회복지 학문에 대하여 '친미적'이라고 비아냥거리는 소리를 다시 듣지 않았으면 좋겠다. 과거 사회복지(사회사업) 하면 미국의 원조 물자나 받아먹고, 학문도 그러한 것으로 간주하던 시대는 지났다.

오늘날 정부와 사회복지계도 우리의 현실에 알맞는 사회(복지)정책과 사회복지사업을 많이 발전시켰다. 비록 선진국가의 사회복지정책을 모방한 경우도 있으나 이것을 개혁하여 우리의 것, 즉 자주적인 사회복지(학)로 만들고 있다. 지난 해 사회복지사 국가시험을 계기로 마련된 친미적 지침서는 재검토 되어야 하고, 우리의 사회적 풍토에 알맞은 사회복지학의 학풍형성이 시급한 것이다. 근래 우리나라 사회복지 학계와 실무계에서도 신자유주의 세계화 바람이 불고 있지만 이것을 극복하기 위한 노력이 필요하다.

< 출처 > 「사회정책연구」 제 27집 머리말(2003. 10.28)

천민적 국가자본주의의 과제

막스 베버는 일찍이 권력에 의존하여 자란 대기업가를 천민적 자본가라고 말하였다. 이러한 자본가(기업가)와 권력(정치인)이 주도하는 자본주의는 천민적 국가자본주의가 아닌가? 이것은 정경유착의 전형적인 자본주의이다. 이러한 자본주의 체제는 정치인과 경제인의 권력과 자본의 형성을 강화시키지만, 그것을 갖지 못한 국민은 골병이 들고 나라는 거덜나게 되어 있다.

최근 우리나라에 매우 흥미로운 사건들이 많이 벌어지고 있다.

첫째는 2002년 대선과정에서 정치인들이 대기업으로 부터 차떼기 수법으로 모은 불법 정치자금(1,000여억원)으로 연일 신문, 방송에 크게 보도되고 있다. 이러한 불법자금에 대한 수사결과는 과거 전두환·노태우 대통령 시절의 수천억 불법정치자금(소위 비자금)처럼 허지부지하게 되겠지만 문제는 '큰 도둑은 살고 작은 도둑은 죽는다'는 것이다. 최근 은행원들이 고객의 돈 수백억원을 빼돌려 흥청망청 거리다가 외국으로 도망치는 큰 도둑도 많다. 여기에서 법의 불공정성과 불의의 문제가 생긴다.

둘째는 최근 정부가 경제활성화 대책으로 풀어놓은 주상복합아파트(용산 시티파크)의 청약경쟁율이 수백대 일이고, 당첨되면 수억원의 프리미엄이 붙는다고 한다. 강남의 유명한 주상복합 아파트(파크 패리스 등)는 매매가가 분양가의 2배라고 한다. 그런데 얼마 전 서울시는 아파트의 건축비가 분양가의 절반이라고 하였다. 이렇게 남는 돈이 있기 때문에 대기업은 막대한 정치자금을 기부하고 기업이 보호받는 상호 공동보험의 정경유착이 아닌가?

셋째는 최근 정부가 운영하는 '로또 복권'의 열풍으로 국민의 사행심을 조장하고 투기판으로 몰아내는 것이 아닌가? 정부가 이런 짓을 하다니 기가 차다. 이러한 것은 과거 정부가 경제활성화 대책인 아파트 청약에서도 투기판을 벌여 놓았던 것을 재현한 것이다.

넷째는 자본주의의 꽃이라는 증권시장을 살리기 위하여 막대한 연기금을 또 다시 투입하겠다고 한다. 과거 손해 본 것은 연금가입자의 기여율을 인상해서 처리하겠다고 한다. 정부 관료가 자기 돈으로 착각한 발상이다.

이러한 증시 부양책에서 외국 독점자본가(대기업 주식의 60할 보유)는 해마다 막대한 수익을 올리고 우리나라의 영세한 투자가는 크게 손해를 보고 있다. 더욱이 시장논리에 맡긴다는 환율정책까지 수출증대, 즉 기업을 보호한다는 명목으로 정부가 개입하고 있지 않은가? 결국 국부는 그 만큼 유출되고 있다. 기업은 부도가 나면 정부가 수천억 내지 수조원을 도와주는데 가난한 사람의 생계비의 지원에는 매우 인색하다.

다섯째 정부가 권장한 신용카드의 남발로 인한 신용불량자들의 빚을 과거 '농가부채의 탕감'과 마찬가지로 정부가 탕감해 주겠다 한다. 이로 인한 도덕적 해이는 누가 책임을 질 것인가? '공짜면 양재물도 마신다'는 국민의 심성을 잘 이해하는지 의문이 간다.

이러한 사건들을 보고 있으면, 과연 한국의 자본주의가 제대로 꽃 피울 수 있을지 걱정이 앞선다. 자본주의(시장경제)의 최대 결함인 사회불평등, 부정부패, 불의, 부도덕 등을 오히려 정부가 조성하고, 나아가 정부가 앞서서 투기판을 조장하고 있으니 기가 찬 일이다. 정부는 이러한 자본주의의 결함을 시정하기 위하여 생산적 기풍(금욕적 · 합리적 자본주의)을 진작시키는, 가장 중요한 정책적 과제를 제시해야 한다.

생산적 기풍을 진작시키기 위해서는 무엇보다도 우리나라 권력지배층의 자기 각성이 요망된다. 군사정부시절에 두드러지게 나타난 정경유착과 정치헌금이 단절되어야 한다. 이것이 존재하는 한 한국자본주의의 미래는 없다고 볼 수 있다. 권력이 쉽게 돈을 번다는 속설은 없애야 한다.

그 뿐만 아니라 돈을 쉽게 벌 수 있는 경제활성화 대책으로, 역대 정권이 잘 사용한 주택경기 부양책, 즉 아파트 건설은 중단되어야 한다. 최근 고층아파트 건설이 전국 농촌에서도 유행을 타고 아름다운 자연환경을 파괴시키고 있다. 공단 또는 주택조합 등을 만들어 원주민은 쫓겨나고 새로운 투기판이 벌어지고 있다. 이러한 것은 생산적이고 공정한 시장경제(이윤추구)를 좀 먹게 하고 정의로운 사회기풍을 없애게 한다.

< 출처 > 「사회정책연구」 제 28집 머리말(2004. 04. 15)

사회보험제도(연금과 건보)는 누구를 위한 것인가?

지난 한 해 동안 사회복지 분야는 매우 시끄러웠다. 연 초부터 과거 폐지되었던 유아교육법과 복지사무소가 되살아나더니 '국민연금의 비밀'이란 인터넷 포털사이트 때문에 국민연금의 폐지론이 확산 되었다. 그 뿐만 아니라 국민연금에 일부 흡수되어, 사라지던 퇴직연금이 변신되어 나타났다.

왜 이러한 문제가 일어나고 있는지 알다가도 모를 일이다. 이러한 것이 참여정부의 분배와 복지정책일까? 국가의 복지예산이 세계에서 가장 낙후된, GDP에 10%도 안 되고 남북이 대립된 상태에서 이래도 괜찮은지 반문하고 싶다. 정부와 일부 경제학자들이 항상 말하는 '파이를 키워야 나누어 먹을 것이 있다' 는 허구적인 논리도 이제는 먹혀들지 않는다. 그간 성장이 복지를 약속하지 못하였기 때문이다.

과거 복지개혁을 하였다고 자랑하는 의료보험의 통합도 '국민연금의 비밀' 보다 못지않은 시한폭탄이라 할 수 있다. 의료보험통합의 새로운 법안인 '국민건강보험법'이 제정되었지만 아직도 관리조직과 재정이 직역 간 이원화 되어 있다. 언제든지 종래처럼 직장의보와 지역의보로 쉽게 되돌릴 수 있게 되어 있다. 다시 말하면 재분배와 효율성을 증진하기 위하여 만든 통합법안도 그 실효성이 없는 것이다. 이러한 것은 '자영자의 소득파악율 30%이하'라는 비밀이 국민을 속이고 있는 것이다.

'국민연금의 비밀'은 연봉 6천만원 소득자가 연봉 수십억원 소득자와 마찬가지로 같은 보험료를 내는 국민연금이(소위 상한제)이 과연 소득재분배 기능을 하느냐고 질문한다. 저소득자는 소득 비중이 큰 보험료를 40년간 기여해 보아야 월소득의 50%가 지급되는데 과연 그것으로 생계보장이 제대로 될 수 있느냐고 반문한다. 따라서 국민연금은 '공단 직원용' 또는 '국민 사기용' 이라 한다. 그런데 정부와 관변 전문가들은 보험료의 상한제가 오히려 타당하다고 강변한다.

여기에서 국민과 정부 및 전문가들 간에 깊은 불신의 골이 생긴다. 그러한 주장에 대하여 자성을 해야 처방이 나올 수 있다. 가난한 저소득자들은 정부가 국민연금, 즉 사회복지라는 명분으로 빈부 간 소득격차를 조장하는 것으로 간주한다. 이러한 문제는 건강보험에서도 표준소득월액에 의한 등급제와 상한제가 있어서 동일한 반향을 일으킬 수 있는 것이다.

정부가 국민연금과 건강보험을 강제로 실시하고, 또한 그 동안 잘 못된 정책(제도)과 부실한 운영을 하면서 재정적자의 책임을 가입자(국민)에게 '고부담, 저급여'를 통하여 전가시키겠다는 것은 매우 부당하다는 것이다. 즉, 정부(국가)가 책임을 져야 한다는 것이다. 만약 국민연금이나 건강보험이 소득재분배 기능도 하지 못하고 오히려 소득역진성을 초래한다면, 또한 고부담 저급여의 수익자 부담원칙에 따라 재정적자를 해결하려면 사회보험은 사보험과 다를 것이 없으니 폐지하는 것이 마땅하다.

이와 같이 잘못된 복지제도가 우리나라 사회복지 분야에 많이 있다. 이제는 이러한 제도가 만들어 놓은 복지시설과 종사자 때문에 개혁하기도 매우 어려운 실정이다. 이러한 문제를 해결하기 위한 노력(개혁)은 역시 양심적이고 전문적 식견을 지닌 정치인이나 국정 책임자가 있어야 할 것 같다. 이러한 정치인과 국정 책임자가 없다는 것이 참여정부의 불행이라 할 수 있다.

이러한 문제를 해결하는데 기여하고자 최근 현실적 이슈가 되어 있는 정책과제인 국민연금, 건강보험, 노인요양보장, 복지사무소 등 복지정책의 주요한 쟁점을 다루어 보았다. 현안을 이해하는데 많은 도움이 될 것이며, 이번 교과서 분석에서는 최근 급속히 성장하고 있는 지역사회복지 문제를 잘 풀 수 있는 적절한 교과서가 있는 가를 살펴보았다.

지역사회복지는 인간의 결핍된 욕구만이 아니라 사회문제를 해결하기 위한 각종의 노력이 포괄되는 개념 즉 사회복지이고, 또한 최근 정부의 지역사회복지정책이 매우 강화되어 가고 있기 때문에 이것을 사적, 민간의 역할로만 보아서는 안된다. 둘 다 포괄하는 개념이 되어야 응용 사회과학의 위상을 지닐 수 있다.

최근 대부분의 저서들이 지역사회의 개념과 방법은 지역사회조직이론(특히 Rothman의 모형)을 소개하면서 실제(분야)는 CO가 아닌 영역까지 모두 포괄하고 있다. 지역사회조직이론이나 통합방법론은 역시 개인주의적 자조적 풍토에서 형성된 것이기 때문에 공적, 사적 지역사회복지론과는 맞지 않는 경우가 많다.

마지막으로 지적하고 싶은 것은 '지역사회복지론'이 결국 우리나라의 지역사회복지를 위한 것이기 때문에 지역사회복지에 관한 미국형이나 유럽형 또는 일본형을 모방만 할 것이 아니라, 우리의 필요성을 생각하고 우리의 문화적 배경과 현실성을 고려한 창의적인 노력이 필요하다.

< 출처 > 「사회정책연구」 제 29집 머리말(2004. 12. 10)

양극화를 해소하기 위한 공적 사회복지제도를 강화하라.

최근 노무현 대통령이 소득격차 등 사회 양극화가 심화되고 있다고 말하였다. 우리나라에 있어서 소득격차는 1999년 이래 상위계층 10%가 하위계층 10%에 비하여 무려 18배의 차이가 나고 상하위 계층의 20%의 경우 5.4배의 차이가 난다고 한다.

사회 양극화는 일찍이 마르크스가 자본주의의 발달로 잉여노동가치설과 노동소외설에 따라 중산층이 몰락하여 극소수의 부르조아지와 대다수의 프로레타리아로 양극화가 나타난다고 말하였다. 사실 우리나라에서도 해방후 구중산층이 대량으로 몰락하고 신중산층이 약간 증가하면서 사회계급의 양극화가 나타났다.

1990년대 신중산층의 지속적인 증가는 구미에서 볼 수 있는 바와 같이 후기 산업사회가 도래하는 것으로 착각하였다. 그런데 1998년 IMF의 지배체제하에 들어가면서 신자유주의 세계화 정책으로 국부(國富)는 크게 유출되고 기업간, 소득간, 학력간 사회 양극화, 즉 실업과 빈곤화는 심각하게 일어나고 있다. 최근 정부의 언론홍보대책은 프로 스포츠나 테레비죤 쇼나 로또 복권 등으로 이러한 현상을 잊게 할 수 없다.

한편, 소득, 학력, 직업 등의 차이가 사망률에 큰 영향을 미치고 있다고 한다. 즉 소득 50만원 이하의 사망률은 소득 250만원의 경우에 비하여 2배 이상의 차이가 나고 초등학교 학력은 대학 학력에 비하여 1.7배, 육체 노동자는 비육체 노동자에 비하여 2.7배,

임시 · 일고는 고용주에 비하여 3.0배, 자영자의 경우 1.5배의 사망률이라 한다.(보건사회연구원 조사) 다시 말하면 잘사는 사람은 못사는 사람보다 더 오래 살고, 이들은 사회보험제도(연금, 건강보험, 요양보험 등)에 의하여 편안하게 여생을 보낼 수 있다.

그러면, 우리나라 사회보장제도는 누구를 위한 것인가 하는 의문이 간다. 우리나라 공적 사회보험은 가난한 사람이 기여금을 많이 내고 노령 퇴직 후 조기사망으로 급여를 제대로 받지 못한다. 서구의 경험으로 본다면, 복지국가는 중산층 이상을 위한 복지제도인 것이다.

그렇기 때문에 우리는 가난한 사람을 위한 복지제도가 사회복지의 역기능을 일으키지 않도록 위험분산과 소득재분배 및 효율성을 극대화 하도록 파수꾼의 역할을 하고 있다. 그런데 신자유주의자들은 경쟁력과 효율성을 주장하면서 영리적인 사보험의 발상을 사회보험에 적용시키고 있다. 심지어 정부와 대기업 대부분(사보험 회사소유)은 사보험에 각종 특혜(세감면)를 제공하고, 복지관료와 일부 교수들도 이에 영합하고 있는 실정이다.

최근 노무현 정부는 경제성장보다도 분배와 복지를 지향하는 정부라고 하지만 최근 입법 예고하려는 '노인요양보험'이나 사회복지사무소의 시범사업 등을 보면, 과연 분배와 복지를 아는 정부인가 하는 생각이 든다. 또한 최근 전국적으로 신설되고 있는 사회복지시설(특히 복지관 등)의 무계획성을 보면, 장자 우리나라는 복지시설 천국이 되지 않을까 걱정이 간다. 그 때 고치려면 새로운 많은 돈(낭비)이 든다.

Ⅱ. 복지정책 비판 84

자유주의 사회에 있어서 사회복지라 하면, 일차적으로 가족 보호의 기능을 살려야 하는데 최근 개정 가족법 등은 전통적인 가족 기능을 파괴시키고 있다. 급속한 저출산율과 고령화의 대책은 시설보호보다도 가족 보호를 강조하는 사회정책(예컨대 출산수당, 아동수당, 가족수당 등)을 강화하여야 하고, 이차적으로 시설보호를 강구하여야 한다. 현재처럼 가진 사람을 위한 복지시설의 설치는 억제해야 한다. 비록 사회복지사업을 지방자치단체에 이양시키더라도 중앙정부는 현재 불공평과 불균형 및 비효율성이 심한 사회복지사업의 전국적 실태를 파악하고 지역간, 요보호자(연령, 계층 등)의 특성을 고려한 복지계획안(소위 청사진)을 급히 마련하여야 한다.

사회보장 개론서에 나타난 공통된 견해(이론)로서 사회보장은 사회적 국민적 통합을 위하여 ① 최저 생계를 보장하고 ② 소득의 재분배 효과가 있으며 ③ 사회적 연대를 위한 위험 분산의 기능을 수행하며, 동시에 이것은 사보험(민간보험)과 달리 능력(소득)에 따른 기여제도이고 필요(요구)에 따른 급여제도라는 것이다. 그럼에도 불구하고 일부 사회복지학과 교수들이 사보험의 논리에서 의료보험과 국민연금을 주장하고, 특히 국민연금의 재정 위기를 가입자의 기여·급여의 논리에서 정부안을 변호하는 것을 많이 볼 수 있었다. 그러나 '사회보장' 개론서에서는 그러한 주장은 찾아보기 어려웠다. 다만 사회보험과 비교하여 사보험(민간보험)을 많이 다루는 경우가 있다.

< 출처 > 「사회정책연구」 제 30집 머리말(2005. 5. 20)

참여정부 복지입법의 과제는 무엇인가?

최근 정부는 사회복지에 관한 새로운 법률의 제안뿐만 아니라 개정안의 입법예고를 많이 하고 있다. 새로운 법안은 긴급지원에 관한 특별법, 노인요양보험법 등이 있는데 이것을 반드시 새로 입법해야 하는지, 아니면 기존의 사회복지 관련법을 수정·보완하면 가능한 것이 아닌지에 대한 견해의 차이가 있다. 일반적으로 전자는 대통령의 지시이고 후자는 노인의료비의 재원염출용으로 생각하고 있다. 사실 긴급지원법은 사회복지 관련법(국민기초생활법)의 수정·보완에서 가능하고 노인요양사업은 노인보호사업이기 때문에 노인복지법의 수정·보완에서 가능하다.

새로운 개정안은 사회복지사업법 개정안, 즉 사회복지 법인의 지도 감독권을 시·도지사에 이양하고 사회복지시설 및 기관을 운영하는 법인 이사 2명을 지방 자치단체장이 임명한다는 것인데 이에 대하여 사회복지법인들은 반발하고 있다. 사회복지법인의 지방이양은 지방분권화와 맞물려 불가피할 것이지만, 문제는 지방자치단체의 재정자립도가 약한 곳에서 이미 정부 보조금이 과거에 비해 많이 삭감되었다는 것이다. 이것이 사회복지계에 가장 큰 현안이 되어 있는데 이에 대한 정부 보조금정책이 개선되어야 할 것이다. 그리고 지방자치단체의 법인 이사의 임명은 사회복지법인 시설에 대한 불신에서 비롯되었는데 이것은 미국처럼 정부와의 계약에 의한 위탁사업으로 전환하면 될 것이다.

그 밖에도 과거 폐기되었던 사회복지사무소 시범사업의 실시,

건강보험료 장기체납자에 대한 보험료 탕감정책(비국고지원), 연금·건보운영관리비의 하향 조정 등이 사회복지계 인사들을 매우 당혹케 하고 있다.

일부 언론은 노무현 정부가 시장제도와 경제성장보다도 분배와 복지를 우선시 한다고 비판하고 있지만 사회복지계 인사는 이러한 주장에 난감해 하고 있다.

한편, 정부는 사회보험보다도 사보험에 각종 특혜정책(연말 소득정산시 세감면)을 펴고 사회보험에 대한 국고지원 없이 선심정책을 펴 왔다. 그래서 대기업이 운영하는 보험회사 및 금융회사가 각종 유사한 복지 보험 상품(생명보험, 의료보험 등)을 개발하여 시장을 독점하고 있다. 정부는 사회보험(연금, 건강보험, 산재보험, 고용보험 등)에 대한 국가 책임의식이 결여되어 있고 주로 노사가 책임지게 한 것은 사보험과 다를 것이 없다.

그리하여 일반 국민들은 사회보험과 사보험을 분간하지 못하고, 지난 해 국민연금에 대한 비판에서 본 바와 같이 우리나라의 기존 사회복지정책은 많은 문제점이 있다. 사회보험의 경우 사보험적 성격이 매우 강하고 소득재분배의 역진성이 나타나고 있으며, 사회복지서비스의 경우 기존의 낭비적이고 치료적인 시설보호사업이 지배적이다. 따라서 이에 대한 개혁과 새로운 청사진(마스트 프랜)을 마련할 필요가 있다. 이러한 개혁과 새로운 청사진은 사회복지와 사회보장의 기본원리에 충실하여야 한다.

< 출처 > 「사회정책연구」 제 31집 머리말(2005. 8. 15)

사회갈등은 평화적으로 해결해야 한다.

최근 정치인들의 화두를 보면, 이념적 갈등, 사회적 통합, 양극화 등이 많이 회자되고 있다. 야당은 과거에 없었던 이념적 사회적 갈등을 정부와 여당이 부추긴다고 주장하고, 정부와 여당은 이러한 주장을 색깔론으로 매도한다고 역습한다.

이러한 것을 보면, 지난 50여 년간의 과거사를 회상케 하고, 과연 이념적 사회적 갈등을 없앨 수 있느냐 하는 의문이 간다. 정치적 이념이 외부로부터 주입되거나 부추길 수도 있지만, 기본적으로 이것은 그 나라, 그 사회의 정치적, 경제적, 사회적 현상 즉, 구조적 제도적 산물이다.

과거 미군정, 6·25전쟁, 반공통치, 군사정부 하에서 사회적 갈등을 사회악으로 간주한 시대에 이념적 논쟁이 표출될 수 없었다.(국가보안법 등으로 많은 좌파 지도자와 민족주의자의가 처형됨) 그러나, 오랜 민주화 투쟁의 결과로 그간 우리나라의 산업화, 즉 자본주의의 발달로 생긴 사회적, 경제적 불평등으로 이익 대립이 심화되었다. 이러한 결과 계급적 계층적 이익을 대변하는 이념이 표출되기 시작하였다.

그러한 결과, 좌파 성향인 민주노총이 합법화 되고, 또 국회에 민주노동당 출신 국회의원이 진출하였으며, 심지어 노무현 대통령이 이념적, 사회적 갈등의 근원인 '양극화'의 정치적 의제를 주장하였다. 그래서 많은 정치인과 정부는 이것을 합리화하기 위한 노력을 하고 있다. 다시 말하면 과거 숨겨진 것들이 발표되고 있다. 숨겨지게 된 것은 정부의 강제에 의해서도 가능하였고, 또 일반 국민들이 무지, 무의식해서 생겼다고 볼 수 있다. 더욱 나쁜 것은 이러한 사실을 숨긴 정부 관료들의 소위 '대외비 행정'이라고 볼 수 있다.

정부·여당은 행정의 투명성을 주장하고 있지만 아직도 정부와 산하 기관은 행정자료를 '대외비'라 하면서 공개하지 않고 있다. 특히 국세청의 과세 및 소득 자료와 국민연금관리공단 및 국민건강보험공단의 보험료와 급여에 관한 자료이다. 이러한 자료는 소위 양극화의 실상을 이해하는데 큰 도움이 된다.

그런데 최근 행정자치부와 국세청이 발표한 자료(전국 토지주택 소유 현황, 종합소득세 신고현황 등)를 보면, 우리나라의 사회적 갈등이 매우 심각함을 알 수 있었다. 다시 말하면 노무현 대통령이 걱정한 사회적 양극화가 심화되어 있었고 사회통합, 국민통합을 위한 정치 및 정책이 절실함을 알 수 있다.

이러한 양극화 구조에서 계급적 계층적 이익 대립에 의한 사회적 갈등이 심화될 수 밖에 없고, 또한 이것을 해결하기 위한 노력의 일환으로서 이념적 갈등이 심화될 수 밖에 없다.

그런데 이것을 두고서 여야의 정치인들이 이념적 갈등을 사회악으로 보거나 이것을 부추긴다니 색깔론이니 하면서 논쟁하는 것은 무의미한 것이다. 사회갈등이 사회문제를 예방하고 사회발전의 요인이 될 수 있다. 이러한 갈등을 예방하거나 최소화 시키는 정책적 노력이 급선무라 할 수 있다.

그리하여 이번 호에는 이러한 갈등이 왜 일어나는 가를 최근 자료를 중심으로 한국 사회 불평등구조를 밝히는 노력을 하였으며, 동시에 우리나라 국민연금의 재정적자를 단순히 기여와 급여의 논리에서 풀 것이 아니라 현행 보험료 부과체계의 개선, 즉 소득비례 보험료의 도입, 즉 상한제 폐지에서 접근하면 많은 재정 증대와 소득 재분배의 효과가 나타날 수 있음을 실증하고 있다. 따라서 연금제도 개혁이 선행되어야 한다. 나아가 기여율과 급여율의 조정은 '국민 최저수준의 보장'이라는 측면에서 조정해야 할 것이다.

노무현 대통령이 주장한 양극화의 해소는 현 체제와 정책으로는 거의 불가능하다. 현 체제하에서는 양극화를 약화시키고 모든 계급, 계층에게 모든 기회 균등과 공평한 정책을 강구하는 것이 급선무이다. 선진 복지국가는 비록 자본주의 체제이지만 국민의 기본 욕구를 충족시켰기 때문에 사회갈등(폭력 등)을 예방할 수 있었다. 서구 복지국가는 GNP의 약 3할을 한국은 8.7%, 미국은 15.2%, 일본은 17.5%을 국민의 기본욕구 즉 복지를 위한 것이지만, 나머지 약 7할은 자본주의 발전에 기여하고 있기 때문에 궁극적으로는 사회 불평등은 심화되어 간다. 또한, 우리나라는 조세는 선진국형(담세율이 약 22%)인데 복지는 후진국형(GNP의 약 8%)이다. 그 많은 조세는 누구의 이익을 위하여 사용되는지 자성할 필요가 있다.

< 출처 > 「사회정책연구」 제 32집 머리말(2006. 3. 1)

노인요양보험제도의 도입을 반대한다.

최근 노인수발보험 법률안이 국무회의를 통과하면서 주요한 정책과제가 되었다. (현행 노인장기요양보험법임)

노인수발보험제도의 도입은 지난 2000년 일본에 개호보험이 도입되어, 우리나라에서도 이것이 소개되면서 그 필요성이 제기되었고, 마침내 노무현 대통령의 대선 공약이 되었다.

노인수발보험제도의 도입을 주장하는 학자들은 그 필요성으로 역사상 유례가 없는 노령인구(노인성 질환)의 증가, 가족해체, 여성의 사회참여(맞벌이 부부) 등을 주장하고 있다. 더욱이 정부는 국민여론조사에서 약 95%가 찬성한다면서 여론몰이를 하고 있다.

그런데 과연 이와 같이 절박한 사회적 필요성이 있는지, 이러한 제도가 도입됨으로서 어떠한 현상이 초래 될 것인지를 제대로 검토하였는지, 그리고 더욱이 여론조사의 신뢰성이 있는지 의문이 간다.

저자는 노인수발보험제도의 필요성을 재검토한 결과, 그 필요성은 모든 필요 요인이 5%~10% 미만이라는 것을 알게 되어 보편적 수발보험의 타당성이 없는 것을 알 수 있었다. 오히려 8할 이상 노인을 보호하는 가족보호(부양) 기능을 파괴시키고, '가수요'를 증가시켜 정치적, 사회적 불만 요인이 된다. 심지어 국민의 약 95%가 노인수발보험제도를 찬성한다는 것은 약 70%가 이 제도를 모르면서 찬성하였기 때문에 엉터리 사회조사인 것이다.

한편, 정부는 보편적 노인수발보험제도를 도입하면서 이것을 중증 이상만 선택적으로 보호하려고 한다. 다시 말하면 재원은 사회보험 방식으로 마련하고 급여는 선택적 사회서비스 방식으로 운영하겠다는 것이다. 이것은 상호모순된 사기이다.

또한, 노인수발서비스를 주로 재가서비스에 수발노인의 8할을 의존한다고 하면서 중증 이상만 보호한다면, 현행 재가사업을 고사시키는 것이 된다.

더욱이 노인수발(보호)사업은 지방자치단체(시 · 군 · 구)가 할 일이다. 선진국가에서는 대부분 지방자치단체가 국고와 지방비에 의하여 사회서비스 방식으로 운영하고 있다. 우리나라의 경우도 현재 비록 무의무탁한 저소득층 노인이 대상이지만 지자체가 사회서비스 방식으로 운영하고 있다. 그런데 정부는 극소수의 국가에서 실시하는, 그것도 우리나라 건강보험체계와 다른, 직장 및 지역별 조합방식(독립 채산제) 건강보험의 재정해결책으로 도입된 노인수발보험을 도입하려는 것은 이해가 가지 않는다.

정부는 2000년 노인장기요양보호정책 기획단의 보고서에서 이미 현행 사회서비스 방식의 확대와 개혁 방안을 제시하였고, 2005년 공적 노인요양보장제도 실행위원회에서도 보편주의 노인요양보험을 제시하였음에도 불구하고 이것을 무시하고 선택적 사회보험제도를 실시하고 더욱이 공청회 등에서 모두 반대한 수발평가관리원을 신설한 것에 대하여 의문을 가진다.

이러한 것은 지난해 지방자치단체에 이양한, 장차 복지수요가 증가되는 노인복지서비스를 다시금 중앙정부로 업무를 회수하여 일자리를 확대하고 (공무원 퇴직 대비용) 현재 직장지역의 통합으로 건보공단의 과잉 인력 해소책이 되며, 또한 노인의료비가 가장 많이 차지하는 건보공단의 재원조달용이 아닌가라고 의심하고 있다.

이미 노인수발보험을 실시하는 일본과 독일에서 이것은 중산층을 위한 것이고, 또한 막대한 비용이 들어 큰 문제점을 노출하고 있다.

보편적 수발보험을 실시하려면, 막대한 자원(시설과 인력 등)이 필요하기 때문에 정부는 이것을 시장자유에 맡기려고 한다. 심지어 지방자치단체에 막대한 책무를 지우면서도 전달체계에서 배제하고 있다. 또한, 정부는 노인수발보험을 국가와 정부가 책임진다고 하면서 노인수발보험료를 주로 노사가 반분하고, 정부 부담금은 시행령에 넘기고 있다. 정부가 노인수발보험 재정에 크게 기여하지 않으려면 아예 사적 노인수발보험제도를 도입하는 것이 현명하다. 만약 정부가 주장한데로 국가와 사회가 책임지는 노인수발사업을 하겠다면 아예 현행 사회서비스 방식을 확대, 개선시키는 것이 가장 현명하다고 본다.

< 출처 > 「사회정책연구」제 33집 머리말(2006. 5. 10)

참여정부는 반복지정책을 추구한다.

참여정부는 그간 사회 양극화를 극복하기 위한 일자리 창출과 분배 · 복지정책에 역점을 두었다고 자부할 지 모른다.

이러한 것에 대하여 일부 언론이 성장 대신 복지에 관심을 많이 둔다고 비판하고 국민들도 대부분 이러한 낙인론에 동조하고 있는 것 같다. 사실은 그렇지 못하다. 그간 복지부문의 예산은 증액되었지만 복지정책은 사회 양극화를 조장하는 신자유주의 경제정책으로 오히려 사회 불평등과 복지제도의 혼란만 가중시켜 왔다.

우리나라의 사회 불평등이 심화되고 있는 것은 이미 지적하였기 때문에[1] 여기에서는 참여정부가 새로 입법하였거나 입법을 제안한 복지제도, 즉 긴급지원법, 퇴직연금법, 노인기초연금법, 노인수발보험법, 국민연금법 등에서 나타난 특징을 보면, 이것이 서민들을 위한 복지정책인지 의문이 간다. 오히려 서민의 생활을 악화 시키고 악화된 요보호자의 구호정책에 관심을 두고 있는 것 같다.

더욱 이 복지제도(정책)에 관한 전문 용어를 오용하여 국민을 혼란시키고, 또한 금융기관 등에서 금융상품으로 연금 및 건강보험의 용어를 남용하게 방치하여 공적 보험을 더욱 약화시키고 사적 보험을 조장하고 있다.

첫째, 사회보험제도에 있어서 정부는 연금, 보험, 수당 등의 개

---

1) 「사회정책연구」 제 32집, 2006년 참조

념이 보편주의 또는 선별주의의 속성을 지니고 있는지 이것을 구별하지 못하고 있다. 연금, 보험, 수당 등은 보편주의적 특성을 지니고 현재 정부가 제안한 기초노인연금과 노인수발보험은 선별주의적 개념(특성)이고 이것을 혼용하고 있다. 그리고 퇴직금은 연금이 아니다. 2)

둘째는 공적 부조제도에 있어서 긴급지원법이나 국민의 정부때 만든 국민기초생활보장법은 과거 생활보호법과 다른 것이 거의 없다. 그런데 새로운 것처럼 입법(사실상 개칭)하고 그 운영은 종전의 생활보호사업과 다름이 없다.

셋째는 국민연금과 건강보험을 개혁하면서 공적 보험을 약화시키고 국민의 생명과 건강을 자유시장에 맡기고 있다. 최근 정부가 제안한 국민연금의 경우 기여율을 높이고 급여율을 낮추어 원래 연금의 목적인, 노령퇴직 시 소득보장의 기능을 불가능하게 하고 있다. 국민연금의 재정적자는 일차적으로 제도상 결함, 특히 소득역진성을 초래한 보험료 부과체계의 개혁(상한제 폐지)에서 시작되어야 한다. 국민건강보험의 경우 법령상 통합 일원화 하였지만 아직도 직종별 분립체계로 운영되고, 심지어 직장가입자의 피부양자를 소득이 있다고 하여 지역가입자로 편입시켜 불공평한 보험료를 부과하고 있다.

장차 다가올 연금과 건강보험의 재정적자를 해소하기 위하여 기여급여의 체계를 고치기 전에 소득의 역진성과 재정적자를 초

---

2) 우리나라 퇴직금은 ① 임금 후불설, ② 실업 보상설, ③ 노후생활보장설 등이 있으나 조기 퇴직과 급여방식(일시급 등)을 무넷점으로 사회보장의 기능이 약하다.

래하는 현 제도의 비형평성을 먼저 시급히 고쳐야 한다. 사회보장법에 규정된 보험료 부과체계를 5년마다 고치게 되어 있는데 10년이 지나도 이것을 방치하고 있는 것은 정부의 직무유기이다.

넷째는 참여정부의 실정이라고 자인한 주택정책도 주택의 보유 개념에서 이용 개념으로 기본 정책의 발상(방향)을 전환하고 주택(거주)이 치부의 수단이 되지 않도록 해야 한다. 모든 국민에게 1가구 1주택을 보유하도록 주택정책을 입안하는 것은 잘 못된 발상이다. 그리고 주택정책을 경제정책 차원에서 보지 말고 사회정책 차원에서 보아야 한다.(예컨대 현재의 강남구 주택문제는 기본적으로 교육정책과 분리해서 해결할 수 없다.)

다섯째는 참여정부가 지방분권과 시민참여를 주장하면서 왜 그것에 역행하는 복지정책을 펴고 있는지 의문이 간다. 간단히 말하면 선진국가의 사회서비스 업무는 기초자치단체의 업무인데 우리나라에서는 이것을 중앙정부가 장악하고 있다.(예컨대 여성가족부의 보육사업, 보건복지부의 노인요양보험 등) 이에 대한 시정을 요구하여도 마의동풍 격이기 때문에 많은 전문가들은 참여정부는 독선적인 비참여 정부라고 다들 비아냥거리고 있다.

< 출처 > 「사회정책연구」 제 34집 머리말(2007. 3. 1)

17대 대선 후보는 구빈사업을 좋아한다.

금년 연말 제 17대 대통령 선거가 있다. 대통령 선거를 위하여 여야 뿐만 아니라 언론기관들도 선거에 적극 개입하고 있는 것 같다.

야당은 '잃어버린 10년'을 주장하고 여권은 'IMF를 불러 온 주범'이라고 규탄한다. 이러한 슬로건을 보면, 대한민국이 특정한 정당의 소유물이 아니며 IMF 지배 관리체제, 즉 신자유주의 정책을 수용한 것은 잘 못이 아닌가 하는 반문이 앞선다.

제 17대 대선 후보는 모두 12명이 입후보를 하였지만 이 중에서 강력한 여야 후보는 소수에 불과하다. 나머지는 정치적 입신과 내년 총선의 실리를 챙기려고 합종연횡을 도모하고 있는 것 같다. 이러한 합종연횡에 국민들이 그들의 불모가 될 수 있는지, 그리고 국민정당이라고 표방하면서 집권하면, 전체 국민은 안중에도 없고 특정한 국민의 이익을 위하여 정책을 수행하는 것이 아닌가 하는 생각이 든다.

현 노무현 정부가 북한과 복지에 관심을 둔다고 야당과 보수세력은 '친북 좌파정부'라고 비판하는데 참여정부의 정책을 보면 좌파정부는 아니고 오히려 신우파 정부라 할 수 있다. 비록 복지예산은 증액하였지만 주로 치료적인 구빈사업에 많이 사용하였고, 방빈사업(연금 등)에는 오히려 사적 부담을 증대시키고 국가부담(운영관리비)을 감소시키고 있다. 이것은 바람직하지 못하다.

대선 후보들의 복지정책(대선 공약)은 대부분 우파라서 예방적인 방빈사업에는 큰 관심이 없고, 주로 아동, 노인, 장애인 등 대인서비스에 관심이 많은 것 같다. 대선 후보들의 사회서비스에 관한 공약을 보면, 큰 차이가 없다. 여야 대선 후보의 정치적 이념은 비록 정책에 따라 보수와 좌파의 이념적 차이가 있지만 이들이 기초한 정당의 이념을 넘어서고 있다.

대선 후보에 대한 여론조사 결과를 보면, 국민의 정치적 의식조사와 대선 후보의 이념적 성향과는 거의 상관이 없는 것 같다. 국민 의식조사 결과에서는 우파와 좌파의 성향이 각각 비슷하나 대선 여론조사 결과는 보수적 후보에 대한 지지율이 6할 이상을 차지하고 있다. 그리고 국민의 계급구성은 노동자 계급과 중산층이 각각 약 4할과 3할을 차지하지만 대선 여론조사 결과는 개혁적 중도파에 대한 지지는 거의 없는 것 같다.

2005년 우리나라의 계급구성과 그 변화는 이론적 관점에 따라 큰 차이가 있다. 마르크스 이론에 의하면 노동자계급이 전체 경제활동인구의 70.2%를 차지하지만, 신갈등이론에 의하면 노동자계급이 40.9%를 차지한다. 그리고 중산층은 마르크스 이론에 의하면 전체의 22.6%를 차지하고 신갈등이론에 의하면 52.2%이다.

이것을 보면, 정치인들이 '국민정당'을 부르짖는 이유를 알만하고 국민들의 정치의식 수준을 알만하다.

< 출처 > 「사회정책연구」 제 35집 머리말(2007. 9. 1)

삼성그룹은 많은 비자금을 형성하였다.

금년 초부터 굵직한 사건들이 많이 터지고 있다. 그 중에서 가장 큰 것은 이명박 대통령의 신정권 탄생이고, 그 다음은 삼성특검이라 볼 수 있다.

이명박 대통령은 경선과 대선에서 소위 BBK 사건 등으로 많은 곤욕을 치렀고, 심지어 새 정권이 온갖 불법과 비리 등으로 얼룩진, 부르조아 정권을 재창출하였다. 소위 '잃어버린 10년'을 되 찾은 보수정권이 우파정책을 통하여 국리민복과 평화통일을 제대로 이룩할 수 있을지 걱정이 앞선다. 신 정부는 벌써 전 정부가 추진한 재벌정책을 규제개혁 차원에서 친기업정책, 즉 출자총액제 폐지, 금산분리 완화, 자유무역협정, 사회복지의 시장화(민영화), 법인세 및 상속세 인하 등을 발표하고 있다.

자본주의 시장경제체제는 빈익빈 부익부의 사회적 양극화가 불가피한데 이것을 일부러 친기업 및 친재벌정책을 강구하여 사회적 대립과 갈등을 조성할 필요가 있는지 의문이 간다. 이명박 대통령이 대선공약과 국정방향에서 국민통합과 사회통합을 누누이 강조하지만 분단국가에서 지나친 친기업정책과 사회복지의 시장화(사영화)는 이것을 부정하는 것이다. 이것의 결과는 부자정권의 이미지와 친재벌 정책으로 사회갈등(소위 계급전쟁)을 한층 더 부추기게 한다.

한나라당과 이명박 정부는 지난 10년간을 좌파정부의 집권이라고 하였는데 그것은 부동산 세제를 제외하면 그간의 경제정책,

심지어 복지정책은 신자유주의 성격이 매우 강하다.

한편, 이명박 대통령은 한미관계를 동맹관계로 격상시켰다고 하지만, 그간 노무현 대통령이 초기에 자주국방을 주장하였지만 동맹관계를 완전히 훼손시킨 것은 아니다. 한미 및 한일 동반 관계는 남북관계를 고려하면서 그 수준을 조정하여야 할 것이다. 다시 말하면 한미공조와 민족공조를 지혜롭게 풀어야 한다. 지난해 아프간 인질 사태로 막대한 외화를 지불하면서 철군하였는데 일년도 못가서 다시금 파병(경찰 포함)한다는 것은 국제적 신뢰와 국가이익을 저버리는 비실용주의가 된다. 이것은 동맹관계가 아니라 종속관계로 비추게 된다.

지난 해 삼성 특검이 나타나게 된 것은 천주교 사제단과 김용철 변호사의 사회적 고발에서 비롯되었다. 즉 삼성그룹의 법무팀장으로 일했던 김변호사가 삼성그룹의 비자금 형성과 경영권 승계, 불법 로비, 미술품 구매 등 삼성의 불법과 비리를 검찰에 고발하였다. 이것을 두고 세간에서는 말이 많다.

삼성그룹의 비자금을 수사한 특별검사(조준웅)는 이건희 회장을 ① 차명계좌에 의한 비자금 형성(1,199개 차명계좌에 4조 5천 373억원 은닉)에 대한 조세 포탈 혐의(양도세 1,128억원), ② 경영권 승계를 위한 배임 혐의(최소 969억원), ③ 불법 로비(소위 삼성 장학생)에 대해서는 무혐의(내사종결) 처리한다고 수사결과를 발표하였다. 그는 이회장을 비롯한 10여명의 임원들의 범죄 사실이 배임 이득액이나 포탈 세액이 모두 천문학적인 거액으로 법정형이 무거운 중죄라고 하면서, 이 사건은 개인의 탐욕에서 빚어진 전형적인

배임 및 조세 포탈범죄와는 다른 측면이 있다고 하면서 불구속 기소한다고 하였다. 참으로 우스운 일이다

그리하여 이건희 회장은 삼성그룹의 회장직을 사퇴하고 차명 재산은 납세한 뒤 유익한 일에 사용하겠다는 경영 쇄신안을 발표하였다.

삼성 특검의 수사 결과를 보면서, 일반 시민들은 비자금이 과연 선대 유산인지, 그리고 본인이 직접 준 돈이 무혐의인지에 대하여 의문을 지니고 있다. 한마디로 '유전무죄 무전 유죄'라고 탄식한다.

이것을 본 시민들은 김용철 변호사를 인간적으로 아주 못된 놈이라고 하면서(재직시 연봉 110억을 받았음) 그 만큼 사회(기업)가 정화되지 않겠느냐고 한다. 매우 슬픈 일이다.

사실 삼성그룹의 등기 이사들은 지난해 평균 연봉이 133억원이라고 한다. 이들은 우리나라 고소득자(과세 상한선인 연봉 8천만원)와, 국민연금 및 건강보험료 상한선(360만원) 이상자와 마찬가지로 누진과세나 비례보험료의 징수에서 배제되어 있다. 그 만큼 특혜를 받는다. 삼성전자나 현대자동차 등 세계적인 사업이 FTA 등으로 많은 혜택을 받으면서 세금(법인세)이나 사회보험료를 형평성 있게 제대로 부담하지 않는 것은 큰 문제이다. 이러한 문제를 정부는 먼저 개선해야 할 것이다.

< 출처 > 「사회정책연구」 제 36집 머리말(2008. 3. 1)

신자유주의 경제정책은 금융위기를 자초하였다.

최근 미국발 금융공항으로 온 세계가 금융위기에 빠져 있다. 수 년전 시작된 주택 모가지론이 금융기관의 방만한 경영(융자)으로 은행이 부실화 되어 미국 의회는 정부가 금융기관에 지원할 약 1조 3천억 달러를 승인하였다. 또한 유럽국가들도 약 2조 3천억 달러를 금융위기의 타개에 지원하기로 결정하였다. 그 뿐만 아니라 은행 예금을 정부가 무제한 보증한다.

한편, 우리나라와 아시아에서도 최근 미국식 자본주의(신자유주의)의 영향을 받아 금융위기의 큰 곤욕을 치르고 있다. 증시가 50% 이상 폭락하고 환율이 50% 이상 상승 되었다.

이러한 현상을 보고 '신자유의의 몰락', '미국 월가의 종언', 심지어 '자본주의의 참패' 등을 주장하는 사람들이 있으나 이것은 아담 스미스 경제론(눈에 보이지 않는 시장의 자율규제론)의 실패이지 케인즈 경제학의 실패는 아니다. 케인즈는 자본주의의 모순(결함)을 시정하기 위하여 국가 개입론을 주장하였고, 또 많은 사회민주주의자들도 그러한 처방을 내어 놓았다. 그것이 서구에서 볼 수 있었던 복지국가의 형성이였다.

이와 같이 자본주의의 결함을 시정하기 위하여 탄생한 복지국가론을 해체하기 위하여 지난 30여년간 주요 언론들은 그것을 헐뜯고, 소위 미국식 자본주의, 즉 신자유주의를 전 세계에 이식하여 왔던 것이다.

우리나라도 1997년 말 금융위기로 IMF, IBRD를 비롯한 선진국자본주의국가들이 신자유주의의 이념(시장개방, 민영화, 규제개혁 등)에 기초한 세계화 시장에 편입시켰고, 그로 말미암아 미국발 금융공황에 민감한 반응이 나타나고 있다. 그럼에도 불구하고 이명박 대통령은 미국식 자본주의를 계속 따르겠다고 하고, 또한 규제개혁, 공기업 민영화 등을 계속 추진하겠다고 한다.

이번 금융공황으로 최근 시장경제론자와 신자유주의자들이 한풀 꺾여 있는 것처럼 보이나 많은 희생을 치른 후에 어느 정도 살만하면 또 그것을 주장할 것이다. 최근 경제지표가 곤두박질 치는 것을 보면, 이명박 정권의 '경제살리기'는 어디로 가버린지 궁금하다.

사실 현 정권이 시장경제론을 주장하고 있지만 국가개입을 하지 않는, 우리나라의 경제 영역은 거의 없다. 말로만 시장경제와 친기업을 주장하지만 실제는 증시와 환율 심지어 부동산(주택)에도 개입하고 있다. 최근 증시의 몰락을 막기 위하여 이번에 약 2조 5천억원의 손해를 보았음에도 불구하고 국민연금 적립금을 투입케 하고 환율의 인상을 막기 위하여 외환 보유금을 풀고 있다. 더욱이 주택 건설업자를 살리기 위하여 미분양 아파트를 정부가 매입하겠다고 한다. 만약 시장경제론자라 한다면 수요·공급의 원칙을 지켜야 하기 때문에, 그리고 주택시장의 정상화(주택가격 하락)를 위하여서는 정부가 주택시장에 개입해서는 안된다. 주택 가격이 하락하면 서민들이 주택을 구입할 수 있는 기회가 생긴다. 사실 우리나라 정부의 유일한 경제성장론, 경제활성화 방안은 소위 주택경기 부양책과 공기업 민영화론 이다.

이와 같이 자본주의의 모순을 해결하기 위하여 국가가 불가피하게 시장에 개입한다. 미국에서 이번의 금융공황을 해결하기 위하여 9대 은행에 2,500억 달러를 투입한다고 한다. 그토록 싫어하는 은행의 국유화 정책을 시도하고 있는 것이 아닌가? 원래 복지국가에서는 자본주의 시장경제를 지향하지만 국가의 주요한 기간산업(금융, 철도, 항공, 전력, 가스 등)은 국유화 하는 것을 원칙으로 한다. 그런데 우리나라의 경우, 모든 공기업(심지어 연금 및 건보공단까지)을 민영화(소위 선진화) 하려는 것이 아닌가?

이번에 금융불황을 타개하기 위한 미국의 국가개입(국유화 등)에서 많은 교훈을 얻어야 할 것이다. 만약 이러한 조치가 없으면 선진자본주의국가는 경제불황을 타개하기 위하여 국제전쟁(세계대전)을 일으킬지 모른다. 사실 미국의 핵심 산업은 군수산업인데 지난 10여년간 국제 분쟁이 심하지 않는 것을 보면, 미국의 재정 적자가 심각해지고 이것을 타개하는 길은 오로지 전쟁 뿐이다. 과거 30년 마다 일어나는 농업공황은 대전쟁(1, 2차 세계전쟁 등)을 일으키고 공업공황은 10년마다 국지전쟁(한국전, 베트남전, 중동전 등)을 일으켰다. 최근 일어나고 있는 금융공황은 이러한 전쟁의 주기성과 아무런 관련이 없을지 걱정이 앞선다.

< 출처 > 「사회정책연구」 제 37집 머리말(2008. 9. 1)

누구를 위한 감세정책인가?

이명박 정부는 경제 살리기와 일자리 창출을 위하여 신뉴딜 정책(4대강 살리기)과 감세정책(소득세, 법인세, 상속세 및 종부세의 감면)을 실시하겠다고 하였다. 막대한 재정(투자)이 필요한 소위 녹색 뉴딜정책(약 50조원)을 실시하면서, 동시에 감세정책(약 100조원)을 실시하겠다는 것은 한마디로 친기업, 친재벌, 친부자 정책을 수행하겠다는 뜻이다.

정부의 감세정책 이외에도 정부가 추진하는 저금리, 저환율 정책도 친기업 정책이며 자유무역협정(FTA)도 결국 친재벌 정책이다.

반면에 감세정책으로 인한 막대한 국가재정 조달은 노동자와 중산층의 희생, 즉 '부자감세 서민증세'에서 가능하다. 저금리 정책도 금융기관의 대출을 독식하는 대기업에게 저금리의 특혜를 주고, 또 정부부채의 이자를 감소시킨다. 그리고 저환율정책도 극소수의 수출대기업(전자, 자동차, 조선 등)의 이익을 보장하기 위하여 대다수 국민(주로 서민과 중산층)의 희생을 담보하는 것이다.

이와 같이 친기업과 친재벌 정책이 자유로운 시장경제에서 이루어지는 것이 아니라 경제위기를 빌미로 국가 개입에 의하여 재벌과 부자들을 형성하는 것이 큰 문제이다. 그리하여 사회는 더욱 빈익빈 부익부의 양극화 현상이 나타나고 집단폭력이 난무하게 된다. 역시 부자정권(내각 각료의 평균 재산이 국회의원의 2배가 넘는 39억원)다운 우파정책이라고 수근거린다.

사실 이러한 양극화를 예방하는 것이 현대 국가정책의 핵심이 되어야 하는데 불행하게도 정부는 오히려 이것을 조장하고 있다. 과거 군사정권하에서 입안된 국민의 기본권, 특히 사회권을 실현하기 위한 복지정책마저 무너트리고 있는 실정(하향 축소, 공공성 약화 등)이다.

정부가 감세정책을 실시하면서 소득세의 경우 과표 구간이 크고, 심지어 과세 상한제(2007년 상한선이 8천만원)를 실시하여 과세 불공평성과 비형평성이 나타나며, 따라서 조세의 역진성이 초래되고 있다. 즉 과세표준을 4등급(1천만원 이하, 1천만원~4천만원, 4천만원~8천만원, 8천만원 이상)으로 정하고 과세율이 등급간 각각 8%, 17%, 26%, 35%로 하며, 더욱이 8천만원 이상 소득자(2007년 전체 신고자의 약 3백만명)의 4.4%인 13만 6,029명에게 동일한 과세율(35%)을 적용하는 것은 큰 문제이다. 이들의 소득액이 전체의 42%인 약 32조원이다. 이에 대하여 과세누진율을 적용하여야 과세의 형평성을 기할 수 있을 것이다.

이와 같이 연봉 8천만원 이상 고소득자일수록 막대한 소득세 감면의 혜택을 받고 있다. 심지어 그들은 연금 및 건강보험의 상한제(국민연금의 상한선은 월 360만원, 건보료는 월 775만원)까지 적용을 받아 그 수혜자가 되어 있다. 연봉 8천만원 이상의 고소득자는 대부분 대기업 임원들로서 이들은 법인세 및 소득세의 감세 특혜에다가 저금리, 고환율, 사회보험료(상한제) 까지 특혜를 받고 있다. 이러한 정책은 기득권(특권)을 누리고 소위 사회 양극화를 부채질하기 때문에 우선 소득세 뿐만 아니라 연금 및 건강보험의 상한제는 폐지되어야 한다. 이러한 사실을 이 분야의 전문가라고 자처하는 사람들도 잘 모르고 있다.

정부 특히 경제관료는 신자유주의 세계화 정책의 영향을 받아 선진국처럼 국제경쟁력을 강화시키고 내수를 진작시켜 경제위기를 타개할 수 있는 것으로 생각하는데 후진국의 경우 이의 역작용으로 사회불평등을 강화시키고 사회갈등과 국민불만을 조장시킨다. 다시 말하면 정부는 국민통합을 강조하지만 사회는 거꾸로 대립과 갈등이 심화된다. 정치인들이 혹세무민, 감언이설을 하는 경우 불신만 초래한다.

정부는 10여년전 우리나라 금융위기로 IMF의 지배관리체제에 들어가면서 선진국의 신자유주의 세계화 정책을 수용하였다. 신자유주의 세계화 정책의 영향은 영미 이외 선진국가에서도 나타났고, 특히 복지정책에 두드러지게 나타났다.

신자유주의적 세계화의 영향을 가장 많이 받은 나라는 서구의 경우 스웨덴이고 동양의 경우 한국이다. 한국의 경우 1997년말 IMF 관리체제하에 들어가면서 직접적인 간섭 하에 신자유주의 정책을 강요받았다. 그러나 일본이나 독일의 경우 그래도 자주성이 강하게 나타나고 스웨덴의 경우는 이상적인 복지국가가 무너지고 있는 것 같지만 어느 정도 좌·우 이념간의 정책균형이 조정되고 있는 것 같다.

< 출처 > 「사회정책연구」 제 38집 머리말(2009. 3. 1)

구조조정은 대기업의 자본축적에 기여하였다.

최근 정부가 국민을 속이고 거짓말을 잘 한다는 말이 많다. 거짓말도 한 두 번이지 '호랑이와 어린이'의 우화에서 보듯이 진짜 호랑이가 나타날 때도 울음을 그칠 줄 모른다.

이명박 정부가 집권한 지 2년도 못 되었는데, 벌써 정책기조를 친기업 정책에서 친서민 정책으로 전환시킨다고 홍보하고 있다. 사실 법인(기업)의 감세정책을 실시하면서 구호적 복지예산을 확대하면 중산층(봉급 생활자)만 녹아나는 것이다.

지난 50년간 우리나라 국가개발 정책의 방향을 '선성장 후분배' 라고 하면서 국민소득이 1만 달러가 될 때 까지 참아 달라고 하였다. 이러한 정책 구호는 전형적인 거짓말이었다. 그 후 경제위기가 닥칠 때마다 이것을 극복한다면서 막대한 공적 자금(IMF 위기시 156조원, 세계화 금융위기시 168조원)을 대기업과 금융기관을 위하여 지원하였다. 정부가 그간 친기업정책을 오랫동안 수행하여 왔지만 10년마다 닥치는 경제위기를 해소하기 위하여 계속 국민들의 희생을 강요할 수 있는가 하는 것이다.

정부는 금융위기를 극복하기 위하여 IMF가 요구한 소위 구조조정(민영화, 규제개혁, 시장개방 등)을 하면서 소위 부실기업을 정리하여 외국자본과 국내 대기업의 자본축적에 크게 기여하였다. 더욱이 오늘날에도 세계화 경제위기를 극복한다면서 저 환율과 저 금리의 정책을 오랫동안 실시하여 소위 불황속 흑자경영, 즉 전자, 자동차, 조선 등 산업(대기업가)과 부동산 투기꾼들(주택건설업자와 아파트 매입자

등)을 크게 돈벌이 시켰지만, 그것이 국민경제적 차원에서 얼마나 해로운 것인지 2009년 1인당 국민소득(1만 7천 달러)이 4년 전으로 역행하였다는 것에서 알 수 있다.

10여년전 경제위기(IMF 지배관리)시 많은 실업과 불황이 닥쳐왔을 때 국민생활의 큰 버팀목이 된 것은 연금, 건강보험, 고용보험 등의 사회보장제도이다. 만약 사회보험제도가 없었더라면 그 때 경제위기가 바로 정치적 사회적 위기로 전환될 수 있었던 것이다. 그럼에도 불구하고 정부와 국회는 IMF 위기를 잊으면서 고부담 저급여의 방향으로 국민연금제도의 역개혁을 단행하였다.

한편, 최근 4대강 사업의 재원 마련을 위하여 복지재정을 전용한다는 비판에 오히려 복지예산을 2010년에 27.8%(6천억원)를 증액 하였다고 한다. 증액된 내용을 보면, 중증장애인연금(1,474억원)과 노인장기요양보험(3,303억원) 등이다. 여기에서 말하는 연금 및 보험은 보편주의적 개념이 아니고 사실 잘못 사용된, 선별적 개념이다. 이러한 것은 소위 친기업정책으로 생긴 요보호자(노인, 장애인, 빈민 등)에 대한 지원책이다.

그 밖에도 최근 정치적 잇슈가 되어 있는 아프칸 파병, 세종시 건설, 4대강 사업 등에 대하여 거짓말을 되풀이 하면서 국민을 속이는데 이러한 것이 누구를 위한 것인 지를 곰곰이 생각해 보아야 하고, 이러한 과제에 대한 국민적 신의를 얼마나 저버리고 있는 지를 자성하여야 할 것이다.

< 출처 > 「사회정책연구」 제 39집 머리말(2009. 9. 1)

4. 2010년대 개혁과제

사회통합은 사회갈등의 제도화이다.

정부는 한국사회의 계층, 이념, 지역 및 세대간 갈등을 완화하고 사회통합을 제고하기 위하여 '사회통합위원회'(위원장 고건)를 설립하였다.

사회통합위원회는 2010년 1월 국민의식 표본조사(2,012명)에서 정치적 중도이념이 전체의 40.3%로서 가장 많고, 그 다음은 보수(28.0%)와 진보(28.6%)가 각각 절반을 차지한다고 발표하였다. 또한 시급히 해결해야 할 사회갈등은 계층갈등(57.6%), 노사갈등(37.3%), 지역갈등(32.3%), 이념갈등(30.6%)의 순이라 하였다. 여기에서 우리나라 사회갈등이 이념적으로나 현실적으로 매우 심각하다는 것을 알 수 있다.

그런데 사회통합위원회가 말한 사회갈등은 그들의 전략적 방안(사회적 합의 창출, 정책의 조정관리, 분석적 모니터링)으로 해결할 수 있는 가에 대하여 많은 의문이 간다. 그것은 사회갈등의 개념이 무엇이고, 이것에 대한 관점이 무엇이냐 하는 것이다. 다시 말하면 사회통합위원회가 지적한 갈등 개념은 모두 관련된 것이고 그러한 것 이외도 남북갈등, 여야갈등 등이 심각하다.

이러한 사회갈등은 사회구성원들의 이해관계와 관심의 차이에서 비롯된다. 그러한 이해관계의 차이에서 주요한 정치갈등 및 산업갈등 등이 발생한다.

자본주의 사회에 있어서 이해관계의 차이는 무엇보다도 생산수단의 소유 여하에 따라 발생하겠지만, 후기산업사회에 있어서는 소득, 재산 이외에 학력, 기술, 기회 등 시장능력이 사회적 차별과 갈등의 주요한 요인이 되어 있다. 따라서 사회갈등은 노사갈등 이외에도 계층갈등(빈부갈등)이 그 핵심이라 할 수 있다.

이러한 갈등에 대하여 자본가(사용자)나 정부는 지금까지 그것을 사회악(질병)으로 보았고, 그것을 주로 없애는 것이 가장 현명한 정책으로 간주하여 왔다. 이러한 관점은 전형적인 보수우파의 기능론(조화론)적 시각이다. 그런데 사회갈등은 어떠한 사회에서도 엄연히 존재하며, 그것이 사회악이 아니라 오히려 사회발전의 씨앗(요인)이 된다는 것을 긍정적으로 인식할 때 노사간, 계층간 공존 또는 상생할 수 있는 사회적 통합의 길이 있다.

그리하여 서구에서는 정치적 갈등은 의회와 같은 중간집단이 조정하여 왔고, 산업갈등은 경영협의회와 같은 중간집단이 그것을 해결하여 왔다. 다시 말하면 산업갈등이나 정치적 갈등을 폭력수단에 의존하지 않고 중간집단의 협의(타협과 조정)에 의하여 입법과 정책을 만들어 평화적으로 해결하였다. 이것이 바로 서구식 민주주의, 즉 정치적 민주주의와 산업민주주의이다. 다시 말하면 사회갈등을 제도화(입법과 정책)에 의하여 예방하고, 평화적으로 해결한다는 것이다.

최근 우리나라에 있어서 큰 사회갈등을 일으키는 사람은 사회에서 불이익이나 차별을 받는 노동자와 농민 등 사회의 하층 또는 약자가 아니라 오히려 그러한 갈등을 해소시켜야 할 정부, 즉 권력지배층이 아닌가 생각한다. 예컨대 시급하지도 않은 경부운하사업, 또는 4대강 사업을 빚을 내어서 하겠다고 정치적 불안을 조성시키고 있는 것 같다.

한나라당은 대선때 부터 '잃어버린 10년'을 되 찾기 위하여 기존의 제도와 정책을 개혁하고, 또 과거 정권의 인물을 완전히 갈아 치우는 모양인데 이것은 차기 정권에 부정적 교훈을 준다. 또한 집권 초의 친기업 정책, 부자감세, 노조탄압 등은 사회갈등을 조성하였다.

이러한 과정에서 정부는 상대를 인정하지 않고, 일방적인 소통을 시도하는 것은 사회통합위원회의 주요 전략인 전국민적 소통 확대와 역행한다. 다시 말하면 정부는 사회갈등을 일으키고, 사회통합위원회는 그것을 해소하여야 하는데 그것은 참으로 아이러니하다.

그러므로 정부와 여당은 과거 군사정권과 마찬가지로 사회갈등을 부정적으로 보지 말고 그것이 사회발전의 요인이 될 수 있기 때문에 사회갈등을 예방하고 평화적으로 해결하기 위한 입법과 정책의 개발에 매진해야 할 것이다.

< 출처 > 「사회정책연구」 제 40집 머리말(2010. 2. 25)

불공정한 과세 및 보험료 부과체계를 개선하라.

이명박 대통령은 취임 초기에 친기업 정책을 표방하였다가 최근 친서민정책으로 변경하였다. 또한 이대통령이 공정사회를 주장하면서 정부와 여당은 친서민정책을 구현하기 위하여 여러 가지 아이디어를 내고 있으나 기존 정책의 강화에 불과한 것 같다. 만약 여당이 서민의 월 소득기준을 459만원으로 한다면, 우리나라의 국민연금과 건강보험은 서민들만이 기여하는 제도가 된다.

저자가 볼 때 공정사회와 친서민정책을 강구하기 위하여 무엇보다 중요한 것이 기존 정책의 잘못된 것을 시정하는 것이 급선무이다.

이번 본 지에서는 대기업 경영성과가 단순히 경영효과에서 초래된 것이 아니라 정부의 정책(저금리, 고환율 및 감세정책 등)과 국민의 희생에서 가능하였다고 주장하였다. 이러한 것이 없었다면 대기업은 경영적자를 내고 심지어 많이 도산하였을 것이다.

한편, 대기업의 경영성과는 조세정책과 사회보험정책에 있어서 '과표 상한선'을 두어, 소득의 역진성을 초래하는 분배정책의 결과이기도 하다. 따라서 이러한 불공정하고 불공평한 과세 및 보험료 부과정책(소위 '과표 상한제')을 시급히 시정하는 것이 친서민정책이라 할 수 있다.

우리나라의 소득세율은 1974년 소득세법을 전면 개정하여 종합과세를 실시하면서 과표구간을 16단계로 나누어 70~80%의 초과 누진세율을 적용하였고, 1996년부터 신고납부제로 전환하면서 최고 세율을 40%로 인하하였고 세율구분을 현행의 4단계로 단순화 하였다.

이와 같이 낮은 최고 세율과 과표구간의 광역화는 고소득자에 대한 세부담을 상대적으로 감소시키고 저소득자에 대한 세부담을 상대적으로 높이며 심지어 동일세율을 적용하는 소득구간의 확대로 누진세의 효과가 감소되고 있다. 따라서 소득재분배의 기능이 약화 된다.

그런데 저자가 주장하는 것은 과표 구간의 상한선(연간 8,800만원 이상)에 있는 고소득자에게 동일한 과세를 행함으로써 고속득자일수록 과세혜택을 주고, 나아가 상당한 조세 수입의 감소를 초래하고 있다는 것이다. 따라서 이들 고소득자에게도 저소득자와 마찬가지로 누진세율을 적용하여 사회의 공평성과 공정성을 제고시켜야 한다. 연간 8천 8백만원 이상의 고소득자(2009년 약 8만명)는 우리나라 대기업의 임원들이 대부분 해당되고, 이들로 부터 약 4조원의 조세수입이 더 생길 수 있다.

한편, 재분배제도인 국민연금과 건강보험료의 부과체계에 있어서 소득상한제, 즉 전자는 월 360만원, 후자는 월 4천 980만원을 실시하며 그 이상의 소득자는 동일한 연금과 보험료를 낸다. 다시 말하면 국민연금 직장가입자의 14.4%가 연 소득의 9%를 면제받고 건강보험 직장가입자의 0.27%(3,054명)는 월 소득의 5.33%를 면제 받고 있다.

국민연금과 건강보험료의 체계는 소득비례제이기 때문에 만약 소득(과표)상한제를 폐지하면 막대한 보험료 수입을 올릴 수 있다.

예컨대 삼성전자는 노사가 국민연금을 연간 약 5천 172억원, 그리고 건강보험료는 약 3천 63억원을 더 내어야 하고, 현대자동차는 국민연금을 약 3천 792억원, 그리고 건강보험료는 약 2천 245억원을 더 기여해야 한다.

우리나라의 과세정책과 사회보험정책도 낮은 과표 상한선으로 대기업 및 대기업 직원들을 오랫동안 사회적 특혜층으로 만들었고, 이러한 특권층이 상한선의 상향 조정이 없어서 매년 양산되고 있다.

그리하여 정부는 대기업이 국가 발전과 국민복지를 위한 사회적 책임, 즉 기존 제도가 재분배 기능을 다 할 수 있도록 조세정책과 사회보험 정책을 개혁하여야 한다. 그것은 기존 세율과 보험료율을 인상하지 말고 선진국가에서 볼 수 있는 바와 같이 과세 및 보험료의 상한제를 조정 또는 폐지하면 재정적자는 면할 수 있으며 동시에 소득누진제 또는 소득비례제에 의한 조세정의와 분배정의를 실현하게 된다. 이것이 국민통합, 즉 사회통합의 지름길이다.

이와 같이 막대한 세금과 보험료를 내지 않고 큰 혜택을 받고 있는 고소득자(특권층)들이 지난 해 경영성과 잔치를 벌였다는 것은 이해가 가지 않는다. 따라서 현행 과세 및 보험료 부과체계의 상한제는 폐지되어야 공정한 사회가 된다.

< 출처 > 「사회정책연구」 제 41집 머리말(2010. 9. 1)

자본주의는 부정부패를 먹고 자란다.

우리나라에 자본주의가 시작된 것은 100여년이 되었다. 일제시에는 식민지 자본주의가 발달하였지만, 해방후에는 비록 종속성을 지니고 있었지만 우리나라의 지도자에 의하여 자본주의 시장경제가 운용되었다.

해방후 자본주의의 발달은 서구에서 볼 수 있는 산업혁명의 결과 형성된 부르조아지가 주체적 경제활동을 수행한 것은 아니다. 특히 1960년 이후 국가발전계획(7차의 5개년 계획)에 따라 공업화에 의한 대기업자본가, 즉 부르조아지가 급속히 형성되었다. 이들 대기업자본가의 형성이 초기에는 정부의 특혜와 금융의 독점에 의하여 성장하였으나, 후에는 정경유착과 부정・부패에 의하여 성장하였다. 더욱이 대기업의 상속이 비자금, 주식차익, 탈세 및 정책지원(금융 및 조세)등 부정하고 불법적인 수단에 의하여 이루어졌다.

이와 같이 불법, 변칙상속에 의하여 형성된 대기업자본가는 기업을 스스로 발전시킬 수 있는 '기업가정신'이 대단히 빈곤하였다. 이러한 빈곤성을 타개하기 위한 충성스러운 기업경영자를 파격적인 대우로 고용하면서 대기업 중심으로 한국의 자본주의가 발전되고 있다. 그리하여 우리나라의 부르조아지는 대기업 소유자 뿐만 아니라 이들의 이익을 옹호, 대변하는 경영자를 모두 포함해서 말한다.

한편, 한국 자본주의를 발전시키는 정치인까지 대부분 부정,

부패를 저질은 것을 많이 볼 수 있다. 과거 대통령의 부정축재(비자금 형성 등)에서도 볼 수 있었지만, 오늘날 장관 등 공직자 후보자의 청문회에서도 볼 수 있었던 바와 같이 거의 대부분 투기, 탈세, 위장전입, 표절 등 각종 불법 비리사건들을 저질렀고, 그러한 후보자를 대통령이 임명하는 것을 보면, 대한민국이 과연 '부정·부패 공화국이구나' 하는 생각이 간다.

옛 부터 '웃물이 맑아야 아랫물이 맑다'는 속담이 있다. 우리나라의 권력지배층이 맑지 않는데 과연 그들의 령(令)이 설수 있을지 의문이 간다. 또한 대기업자본가들은 수천, 수백억원의 불법비자금을 횡령하였을지라도 감옥에 가지 않고, 비록 투옥되었을지라도 곧 방면되는 것을 보면, 서민들은 그들을 우러러 보고 과연 특권(층)이 좋구나 하는 생각을 갖게 한다.

이러한 특권과 특혜를 그간 많은 대통령들이 없애겠다고 주장하였지만 그들은 오히려 그것을 즐기고 있었다. 만민이 평등하다고 하지만 우리나라의 제도와 정책은 그것을 인정하고 있다. 비근한 예로 과세(조세제도)와 보험료 부과(사회보험제도)에 있어서 소득상한제를 적용하여 그 이상은 동일한 세금과 보험료를 내는데 소득이 높을수록 그들은 특권층이라 볼 수 있을 것 같다. 이러한 사실을 전문직업인(지식층)들도 잘 모르고 있는 실정이다.

이와 같이 잘못된 제도(정책)를 고치고 부정부패한 관행(?)을 고치는 것이 우리나라의 긴급한 과제가 아닌가 한다.

< 출처 > 「사회정책연구」 제 42집 머리말(2011. 3. 1)

권력이 돈을 벌어서는 안된다.

최근 이명박 대통령의 인기가 많이 떨어지고 있다. 옛날 중국에서 민심은 천심이라 했는데 천자(황제)가 민심을 거역하면 혁명이 일어난다고 하였다.

2007년 대선시에 압도적인 다수표로 대통령이 되었는데, 최근 지지율이 많이 떨어졌다고 한다. 민심이 천자를 거역하고 있다.

정치인은 국민의 인기를 먹고 산다고 한다. 어쨌든 국민의 인기가 떨어지면 그것은 벌써 정치인을 신뢰하지 않는다. 정치인을 신뢰하지 않는 것은 거짓말을 잘 하고 국민을 속이고 있기 때문이다. 이러한 대통령이 되어서는 안된다.

최근 서울특별시장 보궐선거에서 참패한 여당(한나라당)의 쇄신그룹(25명)이 여권 전체가 위기에 처한 상황에 대하여 이명박 대통령의 대국민 사과와 대통령의 5대 쇄신을 촉구하였다. 더욱이 한나라당 대표(홍준표)는 10.26 보선을 승리하였다고 하였다. 그런데 당 소속의원(쇄신파)은 대통령의 측근 비리가 터진 상황에서 국무회의에서 도덕적으로 완벽한 정권이라 말하고, 공정사회 구현을 내세우면서 측근 낙하산 인사가 반복되고, 또 내곡동 사저문제와 서민의 민생고를 헤아리지 못한 점 등을 사과하라고 건의하였다. 또한 747 대선 공약(7% 경제성장, 1인당 국민소득 4만 달러, 7대 경제강국)의 폐기를 선언하고 성장지표 중심의 정책기초를 성장·고용·복지가 선순환되는 국정기조로 전환해야 한다고 주장하였다.

이러한 주장이 여당에서 나왔는데 하물며 야당과 국민의 심경은 어떠한지 한번 생각해 볼 일이다. 여·야당은 내년 총선과 대선을 대비하여 여당이 반대하였던 야당의 보편적 복지까지 부분적으로 수용하고, 심지어 비정규직 노동자의 정규직화를 주장하고 있는 것이 아닌가?

여당의 쇄신파가 주장한 것을 보면, 분명히 이대통령이 오만하고 거짓말 잘하며 독선적인 통치를 하고 있는 것 같다. 이러한 비민주적 사고는 대통령의 권력이 사유화 되어 있거나 퇴임후에도 대통령의 특권, 특혜가 살아 있기 때문이다.

그러한 생각은 대통령이 퇴임후에도 특권과 특혜를 누릴 수 있는 장치, 즉 '전직 대통령 예우에 관한 법률'(1961년 제정, 1981년 개정)이 있기 때문에 나온 것 같다. 이 법률은 대통령이 퇴직 후에도 ① 지급 당시 대통령 봉급의 95%를 지급하고, ② 대통령 봉급의 70% 유족연금을 지급하여, ③ 유자녀가 생계능력이 없으면 이것을 균분 지급한다. 심지어 1~3급 별정직 국가공무원인 비서관 3명, 전직 대통령과 유족에 관한 경호, 경비 및 교통·통신의 편리 제공, 가료 등을 받는다.

이러한 특권과 특혜는 군사정권시에 만들어진 법령이라서 헌법 제 11조에 명시된 모든 국민은 법 앞에 평등하고 어떠한 특권도 따르지 않는다는 것에 위배된 초헌법적 성격을 갖는 것 같다. 따라서 이 법령은 조속히 폐지되어야 한다. 특히 본인의 연금이나 유족 연금은 성격상 기여금(소위 연금보험료)이 있어야 기여액과 그 기간에 따라 일정한 연금급여를 받는데, 대통령은 재직 시

이러한 기여금을 내지 않았던 것 아닌가?

또한, 대통령 임기 말이 되면 국민들이 비난하는 대통령 사저 문제이다. 그간 대통령의 경호시설과 경호부지 및 건축비로 YS는 17억 3천만원, DJ는 19억 6천만원, MH는 26억 4천만원을 사용하였고, 이명박 대통령은 42억 8천만원(건축비 제외) 이상이 될 것 같다. 이대통령이 360여억원의 재산을 기부하여 청계 재단을 만들었는데 최근 이것을 담보하여 거의 대부분을 대출받아 사용한다는데 이것이 가능한 일인가?

이와 같이 대통령 한번 하면, 수십억원의 재산 증식이 가능하면 누구든지 대통령을 한번 해보려고 할 것이다. 역시 예부터 권력이 돈을 번다는 속설이 맞는 것 같다.

또한, 최근 국회의원들도 스스로 '대한민국 헌정회 육성법'을 개정(191명중 187명 찬성)하여 65세 이상 되는 전직 국회의원에게 국가가 매월 120만원씩을 지급하도록 하였다. 이 법령도 공적 연금, 즉 기여금제도이기 때문에 국회의원이 재직 시 기여금을 내지 않았다면 부당함으로 스스로 특권·특혜법을 폐기해야 한다.

이와 같이 권력이 있는 대통령이나 국회의원이 스스로 이 특혜를 입법하여 누린다면 누가 막을 수 있으며, 그 아래 사람들이 저지른 부정부패를 어떻게 처단할 수 있을 것인가? 요사이 정부가 기여금도 내지 않으면서 각종 특혜제도(예, 기초노령연금 등)를 제정하는 것을 보면, 모든 특권을 없앤다는 헌법정신이 무색하여진다. 소위 윗물이 맑아야 아랫물이 맑다.

< 출처 > 「사회정책연구」 제 43집 머리말(2011. 9. 1)

모든 권력자는 특권과 특혜를 버리자.

금년은 총선(19대)과 대선(18대)이 있는 매우 주요한 해이다. 이 해에 가장 주요한 정치적 이슈가 된 것은 복지정책이다.

이미 지난 총선에서 여·야 간 복지논쟁이 심화되어 우리나라 복지정책의 과제가 무엇인지를 모두 알게 되었다. 총선에서는 야당이 제기한 3대 무상의 '보편적 복지론'이 주도하였지만 이번 대선에서는 '경제민주화'가 주요한 관심사가 되었다.

헌법 제 119조에 명시된 경제민주화는 '경제성장과 소득분배를 유지하고 시장의 지배와 경제력의 남용을 방지하며 규제와 조정을 통한 경제주체간의 조화를 이룩하려는 것'이지만, 이것은 한마디로 자본주의제도의 결함을 시정하기 위한 국가개입의 필요성을 명시한 것이다.

이러한 경제민주화를 위한 오늘날 최대의 국가적 과제는 그간 정부가 조성한 사회양극화와 각종 특혜로 육성한 재벌독점화이다. 이것이 국민통합을 해롭게 하기 때문에 정부는 개입하여 이것을 해결하여야 한다는 것이다. 그럼에도 불구하고 이명박 정부는 친기업정책과 부자감세정책으로 이에 역행하였고, 심지어 종래 하였던 경기부양책으로 4대강 사업과 주택(아파트)개발정책을 강구하였으나, 정부와 기업 및 국민의 부채는 천문학적 수치로 불어났다. 특히 대기업의 부채를 탕감하기 위하여 정부(경제관료)는 막대한 공적 자금의 투입과 외환 및 금리, 그리고 인프레 등으로 경기활성화 정책을 도모할 것이다. 따라서 사회양극화와 재벌독점화 현상은 가일층 심화될 것이다. 정부와 대기업 및 보수언론은 경제위기론을 주장하면서 경제민주화와 복지개혁론을 차단할 것이다.

이에 대하여 18대 대선후보자는 복지정책에 있어서 맞춤형 복지(박근혜), 보편적 복지(문재인), 복지국가(안철수) 등을 주장하고 있으나 이명박 서울시장이 주장하였던, 여당의 맞춤형 복지는 선별적 복지라서 양극화와 재벌독점의 해결은 어려우며, 야권의 주장은 그러한 문제를 어느 정도 해결할 수 있으나 그 실현성이 의문시 되고 있다.

그리하여 우리는 이러한 과제를 해결하기 위한 전제로서 구석구석에 숨겨져 있는 특권과 특혜(예컨대 대통령 예우에 관한 법, 체육인 복지법, 예술인 복지법 등)를 먼저 없애고, 그 다음에 구체적인 몇 가지 대안을 제시 한다.

첫째, 사회양극화와 재벌독점화는 정부의 대기업에 대한 온갖 특혜정책에서 비롯되었기 때문에 이것을 시정(철폐) 하여야 할 것이다.

둘째, 각종 공적 연금이나 수당은 소득에 따른 기여제인데 그간 기여한 적이 없는 공적 연금이나 수당은 특혜이기 때문에 폐지하여야 한다.(예컨대 국회의원 연금, 기초노령연금 등)

셋째, 복지정책에 있어서 소득양극화(역진성)를 조성하는, 과세의 상한제(연봉 1억 2천만원)와 평균 소득도 안되는, 즉 고소득자를 보호하는 사회보험료의 상한제(건보는 월 4백 2십만원, 연금은 월 3백 6십만원)를 철폐하고, 조세와 사회보험의 원칙대로 소득누진제 또는 소득비례제를 실시해야 한다. 이것만 실시하여도 연간 10조 원 이상의 재정 수입이 발생한다.

넷째, 정부가 운영하는 국민의 퇴폐적인 사행심을 부추기고 생산의욕을 감퇴시키는 각종 복권(로또 등)을 폐지하여야 한다.

다섯째, '무노동 무임금'을 근로자에게만 주장할 것이 아니라 정부와 기업 및 운영하는 각종 예우제도(학·예술원 회원 수당, 사외 이사비, 고위직 공무원의 대우교수제 등)와 같은 낭비적인 급여특혜는 폐지해야 한다.

여섯째, 복지정책을 수행하는데 막대한 재정이 필요하다고 하는데 기존의 낭비적인 제도개혁을 하고, 또 불필요한 사회간접사업과 막대한 지출의 무기구입 등을 줄여도 막대한 재원이 염출된다.

복지정책의 핵심은 예방사업으로 일반 국민을 위한 소득보장(국민연금)과 건강보장(건강보험)이고 치료사업으로 요보호자를 위한 생활보호사업이 있다. 그간 정부는 이것을 대기업에 특혜로 비효율적인 민간보험을 장려하여 부실화 시켰는데 이것만이라도 우선 내실화시키기 바란다.

< 출처 > 「사회정책연구」 제 44집 머리말(2012. 9. 1)

국민이 바라는 복지국가를 건설하자

우리는 1980년 7월 자주적인 복지국가를 건설하기 위하여 본 연구소를 창립하였다.

우리는 지난 20여년간 산업국가를 건설하려고 피나는 노력을 경주하였다. 이젠 80년대 이후 복지국가를 건설하는 것이 국민적 염원이 되었다. 그간의 산업화가 국민의 복지를 증진시키기도 하였지만 동시에 비복지를 초래한 경우도 많았다. 이것은 사회개발계획을 전제로 한 경제개발을 수행하지 못하였기 때문에 초래된 것이다. 4차의 경제개발정책은 국민의 기본적 욕구인 의·식·주의 문제해결에 있어서 성공하였지만, 반면에 심한 사회적 불평등과 비인간화 및 범죄·비행과 같은 사회문제를 조성 하였다.

다른 한편, 기존의 복지제도와 복지서비스가 사회변화에도 불구하고 쇄신되지 않아서 새로운 사회문제와 낭비를 조성하고 있다. 따라서 이러한 문제를 예방하고 해결할 수 있는 정책계발이 무엇보다도 요망된다.[1)]

우리는 그간 우리나라의 실정에 맞는 복지국가의 정책계발을 위하여 최선의 노력을 다 하였다. 그런데 이러한 민족적인 국가적 과제를 우리의 힘만으로 이룩하기는 대단히 미흡하다는 것을 자인하지 않을 수 없다. 역시 힘(권력)이 있어야 한다.

그런데 2000년대에 들어와서 우리나라 총선과 대선 과정에서

1) 한국복지정책연구소의 설립 취지문과 본 지의 창간사 중에서

각 후보자들이 복지정책을 많이 강조하였고, 특히 제 19대 대선에서는 여·야의 후보자들이 모두 '복지국가의 건설'이 시대정신임을 주장하였으며, 이것을 구현하기 위한 복지정책 나아가 국가정책을 제시하였다. 그리고 대선 후에도 여·야는 대선 공약으로 제시한 공통된 정책을 실현하기 위한 합의 까지 하였다.

그럼에도 불구하고 선거가 끝나자마자 보수언론들은 대선공약을 포플리즘이라 매도하고 이것을 파기하도록 여론을 조성하고 있다. 더욱이 일부 경제부처는 복지국가의 핵심제도인 국민연금까지 정부가 책임지는 강제보험이 아니라 급여를 임의 보험화(사보험화) 시키려는 위험한 발상을 하고 있다. 정부는 오늘날 국민연금에 한 푼도 기여금(보험료)을 내지 않으면서 장차 연금재정이 적자가 날 것 같아서 미리 발을 빼려고 한다. 정부가 그간 연금적립금을 이용하고, 또 부실한 운영으로 재정적자를 초래하였는데 그것은 누구의 책임인지 반문하고 싶다. 이것부터 먼저 따져야 한다.

이러한 것을 보면, 새누리당과 박근혜 대통령은 공적 사회보험인 국민연금에 대한 책임을 져야 한다. 그렇지 못하면 국민을 속인 사기꾼이 된다.

한편, 이번 대선에서 여당은 이기기 위하여 야당의 복지정책을 수용하다 보니, 예컨대 사회보장 정책의 원리 원칙에 맞지 않는 주장을 많이 하였다. 다시 말하면 사회보장 프로그램은 보편적이고 예방적인 사업인데 이것을 선별적이고 구호적인 것으로 착각하고 있는 것 같다.

이러한 발상과 정책을 1960~80년대 산업화의 시대정신으로 역행한다면 남북 또는 남남의 정치적 사회적 갈등을 평화적으로 해소하고, 민족적 국민적 통합을 선도하는 길이 요원한 것이다. 따라서 이러한 민족적, 국민적 통합을 주도하기 위한 최선의 길은 대선 후보자들이 주장한, '복지국가의 건설'에 있는 것이다.

제 18대 대선과정에서 후보자들, 특히 박근혜 당선인이 주장한 대선공약의 시대정신은 사회양극화 극복과 경제민주화를 위한 국정과제, 즉 국민행복을 추구하는 복지국가 건설에 있다. 행복한 복지국가 건설의 핵심적 정책은 공적 연금과 건강보험인데 오늘날 이것이 부실하여 박 당선인이 주장한 기초노령연금과 4대 중증환자 치료비 및 무상보육이 쟁점이 되어 있다. 따라서 공적 연금과 건강보험 및 아동수당의 내실화가 우선되어야한다.

< 출처 > 「사회정책연구」 제 45집, 머리말(2013. 5. 1)

최저수준의 소득보장과 최저수준의 건강보험이 마련되어야 한다.

우리 민족의 가장 주요한 역사적 과제는 무엇보다도 헌법에 명시된 평화통일과 복지국가 건설에 있다. 평화통일은 남북한의 화해와 협력을 통하여 이룩할 수 있는데, 최근 정치상황은 폭력과 전쟁을 부추기고 있다. 그리고 복지국가 건설은 사회적 통합을 이룩하기 위하여 국민의 기본권, 즉 시민권(정치권(참정권) 및 공민권(자유권)과 더불어 사회권(복지권))의 확립에 있다. 그런데 시민의 기본적인 복지권(생존권)이 위협받는 실정이다.

복지국가의 기본적인 사회제도인 사회보장, 적어도 최저수준의 소득보장(연금)과 의료보장(건강보험)이 이루어져야 한다. 지난 15 여년간 공적 연금제도와 건강보험제도가 정부·여당이 국가재정 위기론을 주장하면서 하향 조정되어 대단히 부실해졌다. 사실 공적 연금과 건강보험제도를 원래의 목적대로 잘 개선하면 국민의 불안을 해소하고 국가의 재정위기를 해소할 수 있다.

최근 많이 거론되는 소득중심 건강보험료 부과체계를 잘 개선하면 보험요율(소득의 6.1%)을 인하할 수 있고 건강보장율(약 60%)을 상향시킬 수 있으며 나아가 보험료의 자기부담율(법적으로 30%)도 인하할 수 있다. 그리고 국민연금도 평균 급여수준이 현재 월 28만원이라서 노후 생계보장이 안되고, 또 노인연금도 생계비의 70% 이하라서 노인의 빈곤화는 불가피한 것이다. 따라서 공적 연금의 급여수준도 높이고 연금제도를 개선하면 막대한 재원을 창출할 수 있다.

이와 같이 부실한 국민연금 및 건강보험제도를 그간 누가 만들었는지를 밝히고, 그들의 비양심적이고 비전문성을 폭로하고자 한다. 그리하여 이번호에서는 상기한 건보료 부과체계의 개선방안과 노인연금의 입법과정 및 그 내용에 관한 논문을 게재하였다. (부론 1 참조)

한편, 과거 논란이 되었던 기초노령연금 또는 기초연금은 주로 2012년 대선 과정에서 보여준 여·야 후보의 대선 공약에서 비롯되었지만, 그 근원은 2007년 17대 국회에서 통과된, 잘못된 연금개혁의 산물이었다. 당시 노무현 정부(보건복지부장관 유시민)와 국회가 국민연금을 고부담 저급여(급여수준 50%→40%의 소득대체율)의 하향개혁을 하면서 기초노령연금을 2028년 까지 국민연금의 평균 부분(소위 A값)의 5%에서 10%로 상향 조정한다는 것(부칙 제 4조)이었다.

박 근혜 대통령은 지난 대선 2004년 국정에 관한 교섭단체 대표연설에서 기초연금과 소득비례연금으로 나누어 모든 국민에게 기초연금을 지급하는 1인 1연금제도를 도입해서 연금의 사각지대를 없애겠다고 말하였다. 또한 보편적 노령연금 즉 모든 노인에게 월 20만원씩 지급하겠다고 공약하였다. 그러나 보수언론은 이것을 포퓰리즘이라 매도하였고, 정부 관료들은 대선공약을 파기하고, 과거 기초노령연금의 성격과 수준에 불과한 기초연금을 인수위→행복위→복지부를 거치면서 비양심적인 관료와 전문가들이 꼼수를 부려 선택적 기초연금법을 만들었다.

< 출처 > 「사회정책연구」 제 46집 머리말 (2016. 10. 20)

정경유착은 국민복지를 해친다.

최근 서울지검장은 박대통령-최순실의 국정농단 사건에서 박근혜 대통령의 지시로 안종범 경제수석이 전국경제인연합회(이승철 부회장)을 통하여 우리나라 10여개의 대기업(재벌)이 미르재단과 K-스포츠 재단에 774억원을 출연케 하였고, 또한 삼성그룹은 최순실과 그의 딸 정유라에게 260억원의 특별지원을 하였다고 한다. 그로 인하여 재벌들이 특혜(사면 등)를 받았다.

한편 문형표 복지부 장관은 청와대의 뜻에 따라 삼성그룹 이재용 부회장의 기업승계를 지원하기 위하여 삼성물산과 제일모직의 합병에 국민연금공단 홍완선 본부장이 찬성하도록 하였다고 한다. 이것으로 국민연금은 5천 8백 여억원의 손해를 입게 되었다.

이와 같이 대통령과 대기업간에 정경유착이 재벌에게는 특혜를 제공하고 국민은 큰 손해를 보았다. 그럼에도 불구하고 정부는 그간 연금적자론을 주장하면서 '고부담·저급여'를 주장하고 있는 실정이다.

우리나라 재벌의 정경유착은 오래 되었고 널리 알려져 있다. 박정희 정권 시 모든 재벌들은 부정축재자로 감옥살이를 하였고, 또 그 후 전두환 군사정권하에서도 막대한 정치헌금을 하였다. 특히 삼성그룹의 경우 이병철 회장은 소위 한비사건(사카린 밀수)으로 그의 아들 이창희가 감옥살이를 하였으며 이건희 회장은 막대한 비자금 형성으로, 그리고 이재용은 박근혜·최순실 게이트의

뇌물죄로 특검의 조사를 받고 있다.

이와 같이 부정한 정치헌금으로 대기업은 사면·감세 등을 받으나 국민복지에 기여하지 않고 대부분 사리사욕 추구에 사용되었다. 심지어 이번 사건과 같이 국민연금이 큰 손해(약 5천 8백억 원)를 보았지만 삼성 그룹은 큰 이익을 보았다. 그리고 재벌 및 그 종사자는 대부분 국민연금 보험료 상한선으로 막대한 것이 이익을 보고 있는 것이 아닌가?

그런데 친박보수론자는 국회의 박대통령 탄핵소추와 촛불시위에 대하여 조작성, 음모론 등을 주장하면서 엄청난 부정부패와 반복지의 대역죄인을 옹호하고 있다.

그간 호위무사를 한 친박 국회의원(김진태, 윤상현, 조진완 등)과 '김문수 전 경기지사, 육사(31기), 구국동지회, 한국자유총연맹 김경재 회장 등이 태극기 집회에서 친박 이외 비판 언론 및 촛불 집회를 모두 종북좌파라 매도하고 있는데 과연 그들이 우리나라의 지도자가 될 자격이 있는지, 제 정신을 가지고 있는지 궁금하지 않을 수가 없다.

< 출처 > 「사회정책연구」 제 48집 머리말 (2017)

III. 지역사회운동

지역사회복지운동을 전개하자!

최근 지방자치제가 실시되면서 지방정부와 지역사회 중심의 사회복지 사업이 요구되고 있다. 선진국가에서는 지역사회복지협의회와 공동모금회가 지방자치단체에서 조직되어 주민들이 적극적으로 참여하는 지역사회복지사업이 활발히 전개되고 있으나 우리나라의 경우 전무한 상태이다. 그리하여 우리나라도 선진국가의 경우처럼 지역사회발전을 위한 주민의 자치조직 즉, 지역사회복지협의회가 필요하다.

우리나라의 지역사회복지협의회는 미국형이나 일본형을 꼭 따를 필요가 없다. 미국형은 인구 10만 단위의 지역사회중심으로 지역사회복지위원회나 공동모금회가 조직되어 있고, 이것이 시민조직으로서 지방분권화 되어 있기 때문에 중앙(전국)과의 관계는 거의 없는 실정이다. 그러나 일본형은 우리나라와 같이 법정단체로 정부의 위탁사업을 많이 운영하고, 재택복지, 모금활동, 자원봉사 등으로 지방자치단체별로 사회복지협의회가 조직되어 주민과 유착되어 있다. 우리나라의 경우 일본과 같이 지방자치단체별로 지사협이 조직되어 있지 않고, 정부의 위탁사업이 거의 대부분이라 할 수 있다. 다시 말하면, 뿌리가 없는 사회복지협의회이다. 따라서 시민조직을 잘 가용하여 공동모금을 통한 지역사회복지운동이 전개되어야 한다.

우리나라 대학에서는 해방이후 지역사회복지론이 대학의 필수 전공과목이 되어 있으나 미국의 이론(지역사회조직)을 전달하고 있는, 소위 암기형 교육을 실시하고 있다. 사회복지이론이 이론과 실제가 통합된 교육을 실시하여야 되는데 아직도 이것이 괴리되어 있는 실정이다.

이러한 여건하에서 지역사회복지론을 가르치는 교수들과 지역사회복지에 종사하는 공무원 및 사회복지사들은 이 두가지의 과제를 동시에 해결하기 위하여 지역사회복지운동연구회를 조직하고 스스로 연구하며 나아가 지방자치단체(시 · 군 · 구)에 사회복지협의회를 조직하여 주기로 하였다.

본 연구회는 지역사회복지운동을 스스로 연구하고 실천하며 그 경험을 상호 교환하기 위한 연구발표 및 토론회를 갖기로 하였다. 본 학회 정책분과위원회는 지역사회복지협의회를 조직하고 활성화 시키는 데 필요한 사회복지사업법령의 개정작업과 지방자치단체별 정관제정을 위한 모형(초안)을 마련하였다. 이러한 모형에 따라 지방자치단체에서 사회복지협의회를 조직하고 역할을 수행하면 되겠다. 전국 지방자치단체장께서 지방자치제의 실시에 따라 이러한 지역사회복지운동에 동참하여 주시기 바란다.

< 출처 > 한국지역사회복지학회,「지역사회복지운동」창간호 머리말(1995. 12. 12)

지역사회복지운동이 시민운동으로 전개되어야 한다.

지난해 지방선거와 금년 총선거가 끝나면서 많은 국민들은 후보자 및 당선자의 지역발전을 위한 공약의 실현에 큰 기대를 한다. 이제는 지역사회복지가 시민운동으로 전개될 것으로 예견된다.

이제는 지방자치제의 실현과 지역주민의 복지참여를 위한 자치단체장과 지역유지들의 관심에 의해 시·군·구 사회복지협의회의 조직과 활성화를 위한 노력이 더욱 활발히 전개될 것 같다.

최근 지역사회 발전을 위한 많은 자생적인 시민단체가 나타나서 자원봉사 및 사회복지운동을 전개하기 위한 노력을 하고 있다. 또한, 사회복지분야의 전문단체들도 각 영역별 요보호자들을 위한 각종의 복지 프로그램을 개발하고 있다. 그러나 이런 노력들이 비전문적이고, 비조직적이어서 많은 문제를 초래하고 있다. 이러한 비효율적이고, 비전문적인 노력을 예방하기 위해서 지역사회복지 분야의 많은 연구와 논의가 필요하다.

그런데 최근 정부는 사회복지사업법령을 개정하여 시군구별로 지역사회복지협의체를 두려고 한다. 이러한 법정단체를 시군구별로 현재 조직되어 있는 자원봉사센터와 종전의 영세민 구호모금사업을 주도하려는 것으로 보인다. 자원봉사센터는 사실상 지방자치단체장의 선거운동요원을 흡수하기 위한 성격이 강하고, 영세민구호모금은 이미 사회복지공동모금회가 조직되어 그 기능이 흡수되어 있는 상황이다.

이러한 것을 무시하고 민간주도형이 되어야 할 지역사회복지협의회 관주도형으로 새로 생기면 지방자치, 주민의 자발정신을 무너트리고 그 기능의 중복성으로 민간주도형, 즉 지방자치정신은 상실되고 만다. 최근 관주도의 지역사회복지협의체가 비록 자치단체의 이익집단 대표로 구성하였지만 그 기능이 유명무실한 상태이다. 시정을 바란다.

이런 노력의 올바른 방향을 설정하기 위해서 지난 6월에 사회복지협의회의 주요한 역할인 자원봉사활동을 춘계대회의 주제로 선정하여 학술회의를 개최하였다. 춘계대회 연구발표의 주제는 미국과 일본의 대표적인 지역사회복지운동인 공동모금회와 사회복지협의회의 현황과 과제에 관한 것이고, 정책토론회의 주제는 최근 활발히 논의되고 있는 자원봉사활동의 올바른 방향을 정립하기 위하여 각 영역별 주제, 즉 법안과 정책, 사회복지, 기업, 대학생, 지역사회의 경우를 논의하였다.

끝으로, 이번 연구발표 및 정책토론회에 주제를 발표해 주시고, 또 토론 및 사회를 기꺼이 맡아주신 분들께 깊은 감사를 드리며, 아울러 춘계학술대회를 지원하여 주신 삼성복지재단(이사장 이건희)에 깊은 감사를 드리는 바입니다.

< 출처 >「지역사회복지운동」 제2집 머리말(1996.7)

한국사회복지협의회는 중간집단으로 개편되어야 한다.

최근 지역사회복지 분야에서 주요한 과제가 되어 있는 것은 첫째로 자원봉사활동에 대한 것이고, 둘째는 지역사회복지를 추진시키는 사회복지협의회의(사회복지사업법 시행령 입법예고), 세째는 사회복지 공동모금법 입법예고안이다.

자원봉사활동은 삼성그룹, 중앙일보사, 한국자원봉사단체협의회 등이 적극적 관심을 갖고 종업원의 자원봉사활동 또는 행사중심의 활동을 많이 벌이고 있다. 특히 금년도에 지방 기초자치 단체에서 시·군별로 자원봉사센터를 설치하며 활동하고 있는 것은 비록 체계적이고 전문적인 서비스가 당장 이루어지기 어려우나 대단히 고무적이며, 주민들에게 주는 효과는 대단히 크리라고 생각한다.

한편, 보건복지부는 민간복지사업의 활성화를 위하여 사회복지사업법 시행령을 개정하기 위한 입법을 예고하였다. 그 주요한 내용은 그간 정부주도하에 조직·운영되었던 한국사회복지협의회의 회원을 해산하고 5인 위원회가 50명의 회원을 새로이 구성하겠다는 것과 시·군·구별 사회복지협의회를 조직하겠다는 것이다. 이러한 내용 중에서는 시·군·구별 사회복지협의회의 조직은 본학회 및 사회복지협의회가 이미 건의한 것이지만, 한국사회복지협의회의 개편을 위한 입법예고안은 가히 혁명적 발상이고, 지방조직과 아무런 관계가 없는 중앙회를 조직하겠다는 것은 민간복지운동의 자율성과 민주성 및 전문성을 부정하는 폭거라고 할 수 있다. 이에 대하여 학계 및 복지계의 중지를 모으기 위하여 우리는 정책토론회의 주제 하에 의견을 수렴하였다. 그 결과를 우리는 관계 요로에 정책건의를 하였다.

또한, 사회복지공동모금법(개정안)이 입법 예고되어 이에 대한 의견을 모으기 위하여 발표·토론을 행하였다. 이에 대한 논의결과를 관계 요로에 정책건의를 하였다.

이와 같이 지역사회복지와 관련된 입법 및 정책이 활발히 나타나고 있는데 사회복지 분야의 전문가들이 전문적 식견과 양심에 의하여 대응하고 있는지는 매우 의문이 간다. 이러한 때 일수록 지도자의 전문적 양식(자질)이 요구되고 있다. 지역(민간)복지사업은 과거처럼 관주도형으로 되지 않고, 특히 모금운동이나 자원봉사활동과 같은 자조사업은 자율성과 민주성 및 전문성에 기초한 자치운동이 아니고서는 성공하기 어렵다는 것을 알아야 한다. 뿌리가 있는 조직적인 지역사회 복지운동이라야 자유로운 시민사회를 개화시킬 수 있다.

< 출처 > 한국지역사회복지학회, 「지역사회복지운동」 제3집 머리말 (1996.11)

민간주도형 지역사회복지운동이 필요하다.

최근 지방자치제가 실시되고 자원봉사자에 대한 관심이 많으나 이것이 내실화 되지 못하고 있다. 내실화 되지 못하는 것은 우리나라의 자발적인 지역사회문화와 자조적인 시민의식이 성숙되지 못하고 아직도 관치주의가 발달하여 있기 때문이다.

이 관치주의는 복지분야 뿐만 아니라 경제분야에서도 그 뿌리가 깊어서 과연 규제개혁을 통해서도 가능할지 의문이 간다. 이것은 스웨덴 등에서 볼 수 있는 조합주의 복지국가 원리에 의하여 치유될 수 있을 것 같다.

관치문화가 발달하면 모든 국민이 그에 순응하는 것이 생활하기가 편안하다고 생각할지 모르나 그것이 바로 국가발전과 민주화를 저해하는 가장 큰 요인이 된다. 최근 일본과 우리나라에서도 관치주의를 뿌리 뽑기 위하여 정부개혁 뿐만 아니라 규제개혁 등을 부르짖고 있으나 과연 그 실효성이 의문이 간다. 우리나라의 경우 그 역사가 오래되지 않지만 벌써 그 뿌리가 내리고 있다. 이것이 뿌리를 내리고 체질화 되면 민간복지, 특히 지역사회복지는 공염불에 불과하다.

최근 제정된 사회복지공동모금법이나 또 입법을 추진 중에 있는 자원봉사지원법도 이것을 정부가 입법할 이유가 없다. 이것을 입법하게 되면 관제화, 즉 관치화 시키겠다는 것이다. 이것은 지방자치와 민주화에 역행한다.

그리하여 이러한 것이 나타나지 않도록 노력해야 하며, 또한 잘못된 것을 고치기 위한 노력도 열심히 하여야 한다. 학자들이 이것을 고치기 위한 사명감과 노력을 하지 못하고, 이에 영합한다면 지역사회복지를 가르칠 때 양심적 가책이 될 것이다.

최근 젊은 학자들을 중심으로 외국, 특히 일본의 지역복지를 연구하고 우리나라의 경우 비교·연구하고 있는 것은 매우 바람직하다. 일본의 지역복지가 비록 관주도형의 특성이 있으나 지역주민이 자족적인 노력을 할 수 있도록 기본 여건, 예컨대데 지역사회복지협의회 등을 갖추고 있는 것이다. 우리는 이러한 여건 조성을 위한 입법에는 관심이 없고 기존 조직이라도 장악하려는데 관심이 많다. 참으로 불행한 일이다.

이번 정책토론회에서는 지방자치단체에 있어서 지역사회복지가 어느 정도 가능하고 그 과제가 무엇인지를 논의하기로 하였다. 아직도 지역사회복지가 초기 단계이기 때문에 그렇지만 이것이 선거, 즉 시민의 복지권과 더불어 활성화되리라고 생각한다. 최근 기초지방자치단체별로 사회복지협의회의 조직운동이 일어나고 있는데 자치단체장(시장·군수·구청장)들은 이것에 적극적으로 동조하지만 담당 사회복지과장은 매우 소극적이라고 한다. 이러한 견해의 차이를 조정하고 전문적인 역할을 할 수 있는 분은 교수들이다. 교수들은 사회복지관 관장들과 더불어 지역사회조직가의 역할을 수행하여야 될 것이다.

< 출처 > 한국지역사회복지학회, 「지역사회복지운동」 제 4집 머리말(1997. 6)

관주도의 지역사회협의체를 폐지하라.

최근 내무부가 폐지되고 종전의 총무부와 통합되어 행정자치부가 되었다. 이러한 정부조직의 변화는 지방자치단체의 역할을 활성화 시키겠다는 뜻을 지니고 있다. 종전의 내무부는 일제가 식민지 통치를 효율적으로 하기 위하여 대만의 경우와 함께 오랫동안 존재하였던 것이다.

지방자치는 민주화와 더불어 실행되어야 한다는 주장이 오래전부터 있었지만 통치권자는 어느 누구도 중앙집권적인 지방행정과 효율적인 관료주의를 탈피하기 위한 개혁을 하지 못하였다. 내무부 폐지론이 바로 지방자치의 활성화라 볼 수 있는데 그간 지방자치가 부진하게 된 것도 이러한 매력 때문이라 할 수 있다.

사실 한반도와 같이 좁은 지역에 동질적인 문화를 지니고 있는 곳에서 지방분권의 경험이 없는 역사적 배경과 오늘날과 같은 정보통신이 발달된 환경 속에서 지방자치행정의 필요성이 의문시되고 있다. 그러나 지역적 특성과 지방민의 자치욕구를 충족시키기 위한 지방자치가 활성화 된다면 바람직할 것이다. 문제는 그간 중앙집권적인 지방행정과 관치주의로 거의 소멸된 지방자치가 단기간에 우리의 생활문화(가치)로 뿌리를 내릴 수 있는가 하는 것이다. 매우 어려운 일이다. 아직도 각종의 법령과 사회단체가 이러한 것의 장애요인이 되고 있다.

최근 사회복지분야에서도 지방자치단체 중심의 민간사회복지,

즉 시민운동을 활성화하기 위한 노력, 즉 사회복지사업 법령의 개정과 한국사회복지협의회의 개혁을 위한 노력이 있었지만 관치주의와 이에 영합하는 잡배들 때문에 매우 어려웠다. 이들도 지방자치와 지역사회복지운동의 필요성을 인식하였는지 기껏해야 한국사회복지협의회의 지방조직(소위 지부)을 지방자치단체(시・도와 시・군・구)에 두려고 한다. 소위 관주도의 지역사회협의체를 설립한다.

지방자치단체별로 독립된 법인으로서 자주적인 사회복지협의회가 설립되지 않으면 지역사회복지가 활성화되기 어려운 것이다. 정부는 지방자치 즉 분권화를 도모하는데 민간단체는 오히려 중앙집권화 하려고 한다. 참으로 우스운 일이다. 이것이 우리의 지적 수준이 아닌가 생각한다. 많은 사람들이 사회복지계에 몸을 담고 있으면서 현직에 안주하고 우리 분야의 발전을 위하여 무엇을, 어떻게 해야 할지 고민하고 있으면서 현직에 안주하고 우리 분야의 발전을 위하여 무엇을, 어떻게 해야 할지 고민하고 행동하는 지성인과 지도자들이 나지 않고 있는 것이다. 이들도 식충이라 할 수 있다. 이제는 우리 분야에서도 많은 전문인력이 배출되고 이들의 전문활동을 극대화하기 위하여서도 우리가 설 땅을 스스로 개척해야 한다.

< 출처 > 한국지역사회복지학회, 「지역사회복지운동」 제 5집 머리말(1998. 4)

자발적인 지역사회복지운동이 일어나야 한다.

지난 해 연말 갑자기 불어 닥친 외환난, 경제위기로 말미암아 정부는 IMF체제를 자초하였고 또 이것을 극복하기 위한 노력을 기울이고 있지만 경제식민지가 되지 않을까 우려하고 있다.

지난 40여년 간 경제성장 제일주의가 결국 경제위기를 자초하고 말았다. 최근 정부가 주장한 세계화, 개방화는 국민들에게 허세, 허풍을 조장하여 그 사이에 국내외 독점 자본가들은 고리대로 환차익에 관심이 많았으며 정부는 국내 자원의 가용과 복지화에는 무관심하였다. 그리하여 이번과 같은 경제위기와 대량실업화에 속수무책이었다.

신정부는 환란과 경제위기를 극복하기 위하여 또 외자 도입에 관심이 많은데 내자 동원과 생산자원화에도 관심을 두어야 할 것이다. 사회발전이론에 있어서 사회적 역할분화를 발전으로 보는 기능이론이 있지만 이해관계에서 나온 사회갈등이 사회발전의 요인이 된다는 갈등이론도 있는 것이다. 따라서 이 두 관점에서 경제위기와 사회발전을 모색하는 혜안이 필요하다.

한편, 정부는 경쟁력 강화를 위하여 개인주의와 창의성 및 적자생존 등을 강조하는 미국식 모델을 도입함으로서 이타심과 사회연대를 강조하는 복지국가의 건설은 더욱 멀어질 것 같다.

지난 10여년 동안 정부와 언론은 민주화와 지방자치를 요란스럽게 외쳤지만 지방선거 이외는 무엇이 제대로 이루어지고 있는 것 같지 않다. 지방자체에 있어서 무엇보다도 주요한 중앙정부의 역할 이전과 지방세의 확대가 나타나지 않았고, 시민의 자발적 조직이 나타나고 있지 않는 것 같다. 이러한 것은 아직도 관련 법령의 개정이 이루어지지 않기 때문이고, 나아가 시민들의 관치 문화에 익숙한 타성의 결과라고 생각한다.

민주화와 지방자치를 위하여 매우 주요한 것이 자발적인 시민 조직을 중심으로 시민운동이 활성화되어야 한다. 그럼에도 불구하고 관제조직 또는 어용조직이라 불리는 법정단체들이 많아서 시민운동을 가로 막는 장애가 되고 있다.

지난 80년대 중반 이후 자발적인 시민단체가 나타나기 시작해서 시민의 욕구를 결집하여, 특히 정부에 대한 사회행동 social action을 행하고 있다. 그러한 결과 많은 성과를 이루고 있으나 아직도 불만스러운 점이 많다. 특히 이러한 시민조직이 그 뿌리를 제대로 내리지 못하고 다양한 시민의 욕구를 표현시키지 못하고 있는 것이다.

그리하여 이번 호에 지역사회발전과 시민단체의 역할과 과제에 대한 정책토론회의 결과를 수록하여 많은 분들에게 참고를 하도록 하였다. 이번 춘계대회와 학회지를 준비하느라 수고하여 주신 임원들, 특히 표갑수 운영위원장과 이재완 간사에게 깊은 감사를 드린다.

< 출처 > 「지역사회복지운동」 제 6집 머리말(1998.6)

< 부론 1 >

소득중심 건강보험료 부과체계의 개선방안

Ⅰ. 서 론

최근 정부는 2015년 9월 11일 건강보험료 부과체계를 소득중심으로 개선하겠다고 발표할 예정이었으나 갑자기 그것을 무기연기하였다가 2016년 1월 28일 문형표 장관이 폐기한다고 하였다. 이 계획은 지역가입자의 건보료는 줄겠지만 직장가입자와 피부양자의 부담이 늘어 불만이 많을 것이기 때문이라고 변명하였다.

사실 소득중심 건강보험료 부과체계의 개선방안은 의료보험 통합론자들이 주창한 핵심과제였다.[2] 1999년 2월 8일 의료보험이 논란 끝에 법적으로 통합되었으나, 실제로 그간 운영관리체계만 통합되었고 주요한 재정체계(특히 보험료 부과체계)는 이원화 되어 아직까지 통합 일원화 되어 있지 않았다. 즉 직장건보의 경우, 소득중심으로 부과하였지만 지역(자연자) 건보는 부과표준소득(시행령)이라 하여, 소득 뿐만 아니라 재산, 연령, 성별, 자동차 까지 보험료를 부과하였다. 그리고 2004년 보험료 등급제와 상한제를 실시하여 차별화 하였다. 그리하여 의료보험제도(현재 건강보험)는 아직도 직종 간, 지역 간, 계층 간 형평성과 소득 역진성의 문제가 나타나고 있다. 국민통합에 기여해야할 건강보험이 오히려 사회

---

2) 김영모·원석조, '국민의료개보험화의 합리적 방안', 「사회정책연구」, 제 2집, 한국복지정책연구소, 1982, pp.3~147
사회보장연구회, 전국민의료보험을 위한 통합일원화 방안, 「사회정책연구」 제 11집, 1989, pp.189~210
사회보장연구회, 의료보험제도 개혁을 위한 건의, 「사회정책연구」 제 15집, 1993, pp.148~161

불평등과 불만을 조성하고 있다.[3)]

이러한 문제를 시정하기 위하여 많은 건의와 논문이 있었지만[4)] 대개 의보연합회, 건보공단, 연금공단의 연구용역이라 현 제도(부과체계)를 합리화 시키거나 부분적인 개선안에 불과하였다.

그리하여 지금까지 제안된, 그간 건강보험을 비롯하여 국민연금의 부과체계 개선방안은 8개가 있다.[5)] 주요한 개선안(5가지)을 검토하고, 왜 실시되지 못하였는지에 대한 원인을 밝혀보려고 한다.

단일한 소득중심 부과체계 개선방안은 한국복지정책연구소와 정부(인수위원회와 보건복지부)의 주장, 그리고 더 불어 민주당과 국민의 당의 개편안이라 할 수 있다.

Ⅱ. 한국복지정책연구소의 건의안

---

3) 건강보험에 대한 민원이 2015년 한 해에 약 6,700만건, 보험료의 경우 85%가 된다.

4) ▫ 한국복지정책연구 소장, '보험료 부과체계의 개선에 관한 건의'(수신; 보건복지 부 장관), 2015년 12월 1일 (「사회정책연구」 제 33집 참조)

▫ 한국복지정책연구소장, '복지공약의 현안쟁점에 대한 건의', (수신; 대통령직 인수위원장), 2013년 2월 4일 (「사회정책연구」 제 45집, 2013년 참조)

▫ 김영모, 「한국사회보장개혁론」, 중앙대학교 출판부, 1995, 제 2편 3장

▫ 김영모·김헌진, 「한국사회보험개혁론」, 한복연 출판부, 2006, 제 3편 2,3장

▫ 한국보건사회연구원, 「소득기준 의료보험료 부과체계 개발에 관한 연구」, (의료보험연합회 용역), 1999년

▫ 국민건강보험공단, 「새로운 보험료 부과체계」 (책임연구원 차흥봉), 건보공단, 2004

5) ▫김영모·김헌진, 「한국사회보험개혁론」, 한복연 출판부, 2006, 제3편 2장 참조

▫김헌진, 건강보험료 상·하한제의 경제적 효과, 「사회정책연구」 제31집, p. 23~44

▫한국복지정책연구소, 국민건강보험 피부양자 인정기준 폐지, 「사회정책연구」 제 34집, 2007, p. 151~153

우리의 주장은 이미 의료보험 통합일원화론에서 알 수 있으나 최근의 주장은 정부에 대한 양 차의 정책 건의에서 밝히고 있다. 2005년 노무현 정부하의 보건복지부 장관(김근태)에게 건의한 내용은 다음과 같다. 6)

1) 보건복지부 장관

현행 국민연금과 건강보험료의 부과체계가 직종에 따라 2원화 되어있고, 또한 등급별 상한제가 실시되어 사회보험의 기본 원리와 목적, 즉 최저수준 보장, 재분배 기능 및 효율성이 구현되지 못하고 있습니다.

첫째는 현행 국민연금과 건강보험의 부과체계의 특징은 소득기여제와 추정기여제, 그리고 등급별 표준보수월액에 기초하고 있습니다. 소득기여제는 직장인에게 적용되고 추정기여제는 자영인에게 적용됩니다. 그런데 사회보험은 기여제도(contribution system)이고 기여는 소득이 있는 곳에 기여금, 즉 보험료가 있습니다. 소득이 없는 자영자의 성, 연령, 자녀수, 재산, 자동차 등을 근거로 추정하는 것은 잘못된 것이고, 이러한 기준이 직장인에게도 동일하게 적용하지 않는 것은 형평성의 문제가 있습니다. 의료보험이 통합된 이후 단일화 보험료 부과체계의 적용이 절실한데도 이것을 실현하지 못하고 있습니다. 자영인의 소득원과 소득액의 파악이 매우 낫다고 하는데 국세청 직원에 의하면 그렇지 않습니다. 소득이 제대로 파악되지 못한 고소득 자영자의 경우 별도로 관리하다가 통합시키면 됩니다. 문제는 통합된 건강보험관리를 실천, 즉 내실화 시키겠다는 의지에 달려 있습니다.

둘째는 보험료의 부과기준인 등극별 표준보수월액과 본인부담료 상·하한선의 설정이 소득계층간 비형평성과 비효율성의 문제를 초래한다는 것입니다. 현재 국민연금과 소득이 있는 곳에 기여금(보험료)이 있기 때문에 소

---

6) 한국복지정책연구소 연구부, 보험료 부과체계 개선에 관한 건의, 「사회정책연구」 제 33집, 2006, p. 121~122.

득수준만큼 기여금(보험료)을 내면 됩니다. 특히 직장인의 경우 보험료를 직장별로 보내기 때문에 등급별 표준보수월액의 개념은 징수업무만 번거롭게 합니다. 이것은 최근 보건복지부가 소득비례제를 도입하겠다고 해서 상하한 등급내의 형평성과 효율성의 문제는 어느 정도 해결되겠습니다.

그런데 문제는 본인부담 상한선과 하한선도 동시에 폐지하고 모두 소득비례제를 도입하여 사회보험의 기본 원리와 목적을 살리는 것이 타당하다고 봅니다. 보험료 부과에 있어서 소득비례제의 도입은 건강보험이나 국민연금의 막대한 재정적자를 해소하는데 큰 도움이 될 것입니다. (상한제 폐지로 연간 약 8조원 보험료 재정효과를 추정)

그리고 특히 국민연금의 현행 등급별 표준보수월액과 상하한선이 지난 10여년 간 변화가 없어서 현재 상한선은 도시 근로자 평균 소득수준입니다. 그간 정부의 태만으로 연금 재정의 큰 적자를 자초하였다고 생각합니다. 이러한 문제는 정부 차원에서 개선할 수 있다고 생각합니다.

이에 대하여 보건복지부장관(김근태)의 회신은 매우 소극적이고 부정적이다. 7)

보건복지부 장관은 첫째로 소득 중심의 단일한 건강보험료 부과체계의 도입은 지역가입자의 소득 파악율이 35.6% 라고 하면서 매우 부정적이다. 둘째로 보험료 본인부담금의 상하한제와 등급제는 오히려 그것이 소득재분배 기능을 저해한다고 주장한다. 아주 잘못된 인식을 하고 있다.

2) 대통령직 인수위원회

2013년 12월 박근혜 대통령직 인수위원회(간사 최성재, 안상훈 서울대 교수, 안종범 성대교수)에 건의한 정책 내용은 다음과 같다. 8)

---

7) 상게 논문, p. 123~124

박 당선인이 말한, 필요한 복지재정을 징세보다도 우선 비효율적인 제도의 개선을 통해 조달하겠다는 것은 올바른 방향입니다. 특히 복지분야에서는 그러한 것이 많습니다. 복지국가의 핵심적 제도인 공적 연금과 건강 보험에 있어서 그 본래의 기능인 사회적 위험분산과 소득재분배 기능이 이루어지고 효율적 관리 운영이 되도록 개혁되어야 합니다.

첫째는 국민연금과 건강보험료의 부과체계에 있어서의 기본원리는 소득비례제인데 소득에 따라 역차별화 되어 있습니다. 보험료 부과체계를 현재의 표준보수월액의 등급제 또는 재산, 자동차 등에 의한 점수제를 폐지하고 소득에 따른 기여제도(기여율)로 단일화 시키는 것이 타당합니다. 건강보험 일원화를 시기상조론이라고 주장하는 것은 잘못된 것입니다.

둘째는 현행 보험료 부과의 원리는 소득비례제인데 이것이 적용되지 못하고, 오히려 보험료 본인부담금 상한제와 등급제를 실시하여 소득 불평등과 비효율성을 조장하고 있습니다. 현행 보험료 부과의 상한성이 근로자의 평균소득 수준에 불과하기 때문에 그 이상의 고소득자는 많은 이익을 봅니다. 만약 상한성을 폐지하면 막대한 재원창출이 가능하고, (연금의 경우 약 3조원, 건보의 경우 약 8조원 추정) 동시에 소득재분배 기능을 강화 시킵니다.

이러한 정책건의의 결과 소득중심 보험료 부과체계 개선이 국정과제로 선정된 것 같다.

Ⅲ. 보건복지부 건보료 부과체계개선 기획단

2014년 보건복지부는 건강보험 관련 학계, 연구 기관 등의 전문가로 구성된 건강보험료 부과체계개선 기획단(위원장 이규식, 연세대 명예교수[9])

---

8) 한국복지정책연구소장, 복지정책 공약의 현안쟁점에 대한 건의, 「사회정책연구」, 제 45집, 2013, p.99~100

9) 이규식 연세대 보건행정학과 교수(경북대 화학과, 연세대 대학원, 하와이대

을 조직하여, 소득중심의 단일한 보험료 부과기준을 정부의 기본방향에 따라 보완·조정하도록 하였다. 이것은 엄청난 변화이다. 그 동안 정부는 의료(건강)보험이 통합일원화 되었음에도 불구하고 보험료 부과체계는 직장(봉급자)과 지역(자영자)으로 2원화 하였고, 그 동안 민원의 핵심이었던 재산 등 비소득을 부과대상으로 하였기 때문이다.

그런데 그동안 통합론을 반대하였던 조합론자가 그 기획단의 위원장이 되고, 대부분의 위원이 조합론자라는 것에 의아하지 않을 수 없었다.

1) 건보료 부과체계개선의 기본방향

보건복지부가 제시한 건강보험료 부과체계 개선의 주요한 기본방향은 다음과 같다.

○ 가능한 범위 내에서 보험료 부과대상 소득 확대 (→종합과세소득)

※ 종합과세소득

-근로소득, 사업소득, 2천만원 초과 금융(이자·배당)소득, 연금소득, 기타소득

-퇴직, 양도소득은 일회성 소득으로 부과타당성에 대한 사회적 논란이 예상되고, 상속·증여소득의 경우 재산의 개념이 강하므로 제외

-2천만원 이하 이자·배당 소득 및 일용근로소득 등 분리과세 소득은 법령개정 등 제반 여건 마련이 우선 필요

*관련 법령 개정, 소득자료 연계 및 보험료 부과·징수시스템 구축 등

○ 소득 파악 수준, 재정 여건 등을 감안하여 소득 외 부과 요소 (성, 연령, 자동차, 재산 등)에 대해서는 축소·조정하여 부과

경제학박사)는 김종대 건강보험공단 이사장과 함께 후기 의료보험조합론의 주역이있었다.

○ 소득이 없는 지역가입자는 정액의 최저보험료를 부과하되, 저소득층의 보험료가 인상되지 않도록 보험료 경감 방안 등 마련

이 기획단은 정부의 지침(기본방향)을 받아 11차 회의를 한 결과(방안)를 다음과 같이 발표하였다.[10)]

□ 종합과세소득에 대한 보험료 부과 확대 추진

□ 소득이 있는 피부양자에 대한 보험료 부과 강화

□ 지역가입자의 소득에 대한 보험료 부과방식을 개선하여 정율로 부과하는 방향으로 추진

□ 저소득 지역가입자에 대해 성, 연령, 보험료 등 평가소득 보험료를 부과하는 대신 소득이 없거나 적은 세대에 대해서는 정액의 최저 보험료를 부과

□ 지역가입자의 재산에 대한 기초공제제도 도입, 저가 재산에 대한 보험료는 인하 또는 완화하고 고액 재산의 경우, 인상하는 방향으로 추진

□ 자동차에 대해서는 보험료를 부과하지 않는 것이 타당

2) 건강보험료 부과체계 개편방안

정부는 2017년 1월 기획단의 기본방향에 따라 구체적인 개편방안을 제기하였다. 그 방안의 특징은 ① 지역가입자의 성, 연령, 재산, 자동차로 추정한 평가소득을 폐기하고 저소득지역가입자에게 최저보험료를 부

---

10) 보건복지부, 「제 11차 건강보험료 부과체계개선기획단」 회의결과, (보도자료), 2014. 9. 11

과하며 ② 고소득 직장인의 가외수입에 보험료를 부과하고 ③ 보험료의 상한성도 현행 239만원에서 직장가입자 평균보수보험료의 30배로 인상하며 ④ 피부양자의 무임승차도 지역가입자로 전환시킨다는 것이다. (합산소득 3400만원 이상) 이러한 개편방안을 2018 ~ 2024년까지 3단계로 나누어 점진적인 개혁을 하겠다고 한다.

이번 개혁방안은 과거의 개선안에 비하여 구체성이 있으나 아직도 소득중심의 획기적 방안이 제시되지 못하고 있다. 무엇보다도 소득에 따른 보험료 부과체계를 개발하여 지역과 직장간의 차별적이고 불균형한 보험료 부과체계는 폐지되어야 한다.

이러한 방안을 보면, '소득이 있는 곳에 보험료가 있다.' 는 기본원칙이 지켜지지 않고, 아직도 복지부의 지침대로 재산 등의 보험료 부과요인에 미련을 갖고 있으며, 양도 소득, 상속 및 증여 소득을 제외하려는 협의의 종합 소득 개념을 유지하려고 한다. 그런데 이러한 소득도 분명 소득이다. 왜냐하면 그간 재산에 부과하지 못했던 것을 새로운 소득이 발생되었기 때문에 부과하는 것이다. 따라서 소득이 없었던 재산에 대한 보험료를 부과할 필요가 있다,

Ⅳ. 국민건강보험공단 쇄신위원회

국민건강보험공단 김종대 이사장은 2012년 2월 23일 쇄신위원회를 발족시켜서 신성부의 국정과제인 소득중심의 보험료 부과체계 단일화 방안, 지속가능한 보장성 강화 방안 등을 연구하여 정부에 건의하겠다고 하였다.

1) 현행 부과체계의 문제점

건보공단 실무지원단(쇄신위원회의 개편)은 2014년 6월 13일 건강보험료 부과체계 개선기획단(제 7차 회의)에 그간 국세청 자료를 분석하여 소득 자료 보유율이 95% 이상이 되고, 또 현 조건하에서도 75% 이상의 보험료가 내려가고 28%는 올라간다는, (지역가입자는 83%가 내려감) 기막힌 보고서 중 그간 소득역진성(비형평성)이 일어나고 있었다는 보고서를 제출하였다. 이 보고서는 그간 정부와 조합론자들이 소득(파악)자료가 35% 이하라서 건보 일원화가 불가능하고, 통합하면 오히려 저소득자가 손해를 본다는 것을 부정한 것이다. 그간 정부는 국민을 속이면서 잘못된, 현 건보정책을 유지하여 왔던 것이다.

건보공단 실무지원단이 전 세대의 10%의 소득자료를 모의 운영한 결과 그 개선의 필요성(10가지)을 다음과 같은 문제점을 지적하였다. [11]

첫째, 보험급여(의료서비스)를 받는 기준은 전 국민에게 동일하게 적용하여 세계적인 보편적 원칙을 따르고 있으나, 보험료를 부담하는 방법은 다음 7가지 그룹으로 사람에 따라 서로 달라 형평성과 공정성을 잃은 모순투성이다.

둘째, 건강보험공단은 밀려드는 보험료 관련 민원 때문에 국민에게 양질의 서비스를 제공하지 못하고 있다.

지난 한해 보험료와 관련된 민원이 5,730만 건으로 전체 민원 7,160만 건 중 80%를 차지하고 있다. 전 국민이 1년에 1건 이상의 보험료 민원을 제기하는 꼴이다. 그리고 건강보험 고객센터 상담민원 중 86%, 이의신청위원회 구제신청의 78%가 보험료 부과와 관련된 민원이다.

셋째, 현행 보험료 부과체계가 가입자의 부담능력을 적정하게 반영하지 못하고 있어, 체납세대가 해마다 늘어나고 있을 뿐만 아니라, 생계형 체납자

11) 국민건강보험공단 실무지원단, 「보건복지부 건강보험료 부과체계」, 2014년 6월

가 양상되고 있다. 2014년 2월 현재, 보험료를 6개월(회)이상 체납한 사람(6개월 이상 보험료 체납시는 보험급여를 제한함)이 154만 세대(2조 1,052억원)이고, 그 중 68.5%(105만 세대)는 월 보험료가 5만원 이하인 생계형 체납 세대이다.

넷째, 6개월 이상 보험료를 체납하고 체납된 상태에서 진료함에 따라 건강보험 재정이 누수 되고 있다.

2013년 말 현재 체납세대 중 172만명이 진료를 받아 체납 중 진료비 총액은 3조 8천억원에 달하고 있다. 앞에서 말한 이들의 체납금액(2조 1,052억원)을 합하면, 5조원이 넘는 재정누수가 발생하고 있다.

다섯째, 부담능력이 있는 직장 피부양자 문제이다. 지역가입세대의 세대원과는 달리 직장가입세대의 피부양자는 보험료를 부담하지 않는데 2014년 2월 현재 직장피부양자는 2,044만명으로 전체 건강보험 적용대상 5,005만명의 40.8%에 이른다.

여섯째, 수입이 많은 자영업자가 고액의 지역보험료 부담을 회피하기 위하여 직장가입자로 허위 취득하는 사례이다. 직장가입자는 월 보수에 비례하여 보험료가 계산되고 그 가족들은 피부양자로 보험료를 부담하지 않는 것을 악용하는 경우이다. 공단은 2008년부터 2013년까지 허위 취득한 직장가입자 7,336건을 적발하여 265억원의 보험료를 추정한 바 있다.

일곱째, 실직자나 은퇴자(자녀 실직으로 피부양자에서 지역가입자로 전환된 부모들)의 경우 소득이 없음에도 보험료는 오히려 증가하고 있다. 이분들은 소득활동을 거의 하지 못하는데도 직장에서 납부하던 보험료보다 많은 지역보험료를 납부하여야한다. 또 2014년 2월 현재 지역보험료의 재산 부과비중은 47.6%로 1998년 선강보험통합 설계 당시 27%보다 크게 왜곡된 상태로 실직자, 은퇴자, 노인을 하우스 푸어로 만들고 있다.

여덟째, 사회보험 방식으로 건강보험제도를 운영하는 주요 국가(독일, 프랑스, 벨기에, 대만 등)는 소득을 기준으로 보험료를 부과하고 있다. 그리고 보험료 부과대상 소득도 근로소득에서 모든 소득으로 확대하는 추세이다.

아홉째, 불공정하고 불형평한 보험료 부과체계는 보험급여비 증가 상황에 연동한 보험료 조정(인상)을 어렵게 하고 있다.

열 번째, 마지막으로 부과체계 개선 추진에 대한 국민의 불신을 초래할 수 있다.

건보공단 실무직원단이 지적한 문제점을 보면, 매우 놀라운 사실이다. 이러한 문제점은 대부분 보험료 부과체계의 다원화에서 비롯되고 있기 때문에 시급한 개선이 필요한 과제이다.

2) 건보료 부과체계의 개편방안

건보공단 쇄신위원회가 2012년 7월에 발표한, 건강보험료 부과체계의 주요한 개혁안은 다음과 같다.[12)]

첫째, 직장가입자의 경우 현재처럼 근로소득 뿐만 아니라 모든 소득, 즉 사업소득, 임대소득, 이자, 배당소득, 연금소득, 양도소득, 상속·증여 소득, 기타 소득 등에 건보료를 부과.

둘째, 지역가입자의 경우 현재처럼 소득, 재산, 자동차 등에 보험료를 부과하지 않고, 소득에만 부과

셋째, 소득과 별도로 소비에 대해서도 건보료를 부과

넷째, 직장가입자에게만 있는 피부양제도를 폐지

이러한 개편안 중에 셋째의 소비세와 부가세의 경우, 빈부가 역진성이 나타날 수 있으며 넷째의 피부양제도 폐지는 소득이 있는 모든 곳에 보험료를 부과하게 되면 절로 해결될 수 있는 것이다.

---

12) 미디어오늘, '건보료 역진성을 해소하기 위한 개혁이 시급하다.', 14. 7. 7

건보공단 쇄신위원회의 방안은 셋째와 넷째를 제외하면 전술한 보건복지부의 기본 방향과 매우 유사하다.

3) 김이사장이 지적한 건보 부과체계의 문제점과 개편방안

김종대 공단이사장은 쇄신위원회의 안과는 약간 차이가 있으나 기본적으로 소득중심의 건보료 부과방안을 제시하고 있다. 그는 현행 건강보험제도의 문제점을 과거 의보통합론자들의 주장(소득역진성, 불공정성, 비형평성, 비효율성)을 되풀이 하면서, 그가 최근 경험한 자료를 제시하고 있다. [13)]

첫째는 지역건보료의 소득별 실효세율(소득대비 건보료 부담액)을 보면, 저소득층의 건보료 실효세율이 부자들의 10배가 넘는다고 한다. 즉, 600만원 소득자는 13.35%를 내지만 2020만원은 8.14%, 5190만원은 5.0%, 1억원인 사람은 3.35%, 20억원의 경우 1.22%만 낸다.

둘째는 지역가입자의 재산별 건보료 실효세율을 보면, 1억 5천만원의 경우 약 1%의 보험료를 낼 때 10억원은 0.32%, 100억원의 경우 0.06%만 낸다. 건보료의 역진성이 매우 심하다.

셋째, 피부양자제도로 소득이 많은 피보험자 부양자가 그렇지 않은 경우에 비하여 득을 본다.

그리하여 그가 지적한 현행 제도의 개선안은 다음과 같이 주장하였다. [14)]

첫째, 건보료 부과체계가 소득중심형으로 개편되어야 한다. 그러나 부과대상 소득을 확대하고 피부양자 제도를 폐지하면 재산에 부과하던 건보료를

---

13) 「미디어 오늘」, 2014년 7월 7일, p.2~5
14) Ibid, p.7

포기하는데 따른 재정 손실을 충분히 상쇄할 수 있는데도 불구하고, 별도로 서민 증세를 추진해야한다는 건보공단(쇄신위) 주장에는 동의할 수 없다.

둘째, 현행 건보료 부과체계는 역진성이 매우 심하여 다른 개혁에 앞서 역진성을 해소하기 위한 개혁부터 시급하게 해야 한다.

셋째, 피부양자 자격요건도 기득권층에게 매우 유리하게 되어 있음으로, 피부양자 관련 법규 개정도 시급한 과제이다.

넷째, 전월세에 까지 건보료를 부과하는 것은 세입자들에게 지나치게 가혹한 것이다 향후 피부양자 수를 줄여서 건보 재정이 확충된다면 가장 먼저 전월세를 건보료 부과대상에서 제외해야 한다.

다섯째, 재산에 대한 건보료 감면은 다른 개혁들을 충분히 한 이후에 고려해야한다. 즉, 피부양자 자격 기준을 최소한 역간 총 소득 1000만원 이하로 낮추고, 직장가입자 건보료 부과대상 소득을 충분히 넓힌 다음에 건보재정의 건전성이 훼손되지 않는 범위 내에서 재산에 대한 건보료 감면을 추진해야 한다.

김종대 이사장이 지적한 건보의 문제점은 과거 의보통합론자들이 주장한 통합 일원화의 논리적 근거이다. 이러한 문제점을 해결하기 위하여 소득이 있는 모든 국민에게 공정한 보험료를 부과하여 소득역진성을 예방하는 것이다.

그가 지적한 해결방안은 이원화된 부과체계를 소득중심형 부과체계로 개편해야 한다는 것은 타당하다. 그러나 셋째 주장이 피부양제 기준강화, 그리고 넷째와 다섯째 주장은 소득중심 개선안이 마련되면 필요하지 않다고 한다. 그런데 현행 보험료 부과의 상·하한제와 등급체계의 폐지에 관한 언급이 없다. 소득중심형이라면 대개 소득비례제를 의미하겠지만 소수 부유한 피보험자의 이익을 확대시키는 상한제는 폐지되어야 한다.

그는 건강보험공단의 이사장에 재직하면서 조합론에 기초한 건강보험의 정부 정책을 비판하면서, '단일한 소득중심의 건강보험 부과체계'를 주장한 것은 매우 놀라운 일이다. 이러한 개선안이 현 정부의 국정과제이고, 대통령직 인수위부위원장이었던 진영의원(서울 법대, 사시출신)이 복지부장관으로 취임함으로서 건보공단의 쇄신위원회와 보건복지부의 건강보험료 부과체계개선 기획단의 기본 방향(소득중심 단일화 통합안)의 주요한 골자가 되었다는 것을 이해할 수 있다. 그러나, 진장관이 기초노령연금으로 청와대 복지관료 (최원영 고용복지수석, 경북대 행정학과, 행시, 연세대 박사, 사우스 캘로나이아대 석사, 복지부 차관)와 경제관료(안종범 경제수석등)와의 불화가 있었고, 또 이러한 계획안이 무기 연기되었다가 문형표 신임장관(연세대, 펜실바니아대 경제학 박사, KDI연구위원)이 이것을 폐기하였던 것이다.

그런데 왜 개선안이 갑작스럽게 무기 연기 되었고 또 폐기조치(전면백지화)가 되었을까? 그것은 진장관의 박대통령과의 불통설 또는 "시키지도 않은 일을 왜 했느냐"라는 청와대의 질책설이 있지만, 그 보다도 1980년 보사부 파동처럼 전체 국민의 10%도 안되는 보수적인 기득권 세력의 이익을 도모하려는 전경련과 보수 언론의 강력한 로비와 경제관료, 특히 기획재정부와 경제수석의 견제 때문이라고 볼 수 있다.

1985년 보건복지부(김정례장관)에 소위 '보사부 파동'이 있었다.[15] 보사파동은 의료보험통합에 대하여 청와대에 파견나간 보사부 출신 관료(윤성태 비서관, 김종대 행정관, 그리고 내무관련 출신 김태호 정무수석비서관)와 보사부 현직 관료(이두호 기획관리실장, 김영기 사회보험국장, 차흥봉 의료보험제도과장, 오근식 사무관)간의 정책 갈등에서 비롯하였다.[16]

---

15) 김영모·김헌진, 「한국사회보험개혁론」, 한복연 출판부, 2006, P.93, 각주 34를 볼 것.

16) 청와대 파견 관료(조합론자)는 모두 서울법대 출신이고, 보사부 현직관

이후 의료보험조합론자들이 승리하여 보사부 내 통합론자들을 탄압·박해하였다. 그리하여 보사부의 건강보험정책은 오랫동안 직장(통합)과 지역(조합)으로 이원화 되었고, 또한 보험료 부과체계도 이원화, 즉 직장은 소득 그리고 지역은 소득 이외 재산, 성, 가족 수, 자동차를 고려한 보험수가체계가 고착되었다. 이와 같이 이원화된 건보정책은 소득역진성, 불공정, 비형평성, 비효율성 등 문제를 초래하면서 (빈부간)국민을 양극화시켜 국력을 낭비하였다.

이와 같이 조합방식의 건보정책을 주도한 김종대 이사장이 정부를 떠난 후 변절과 변신을 거듭하면서 통합론자의 주장을 답습하였다.

V. 더불어 민주당의 총선 공약

지난 20대 총선 시 여·야당은 건강보험료 부과기준을 소득중심으로 개편하겠다고 공약하였지만 더불어 민주당 이외 여·야당은 매우 소극적이다.

더불어 민주당(대표 문재인)은 급여 이외 이자 및 배당소득과 상속·증여 등 모든 소득에 대하여 건강보험료를 부과하고 건강보험료의 상한제도 폐지하겠다고 공약하였다. [17]

이용섭 더민주 총선정책공약단장은 2016년 2월 24일 국회기자간담회에서 "더불어민주당이 추구하는 공평한 건강보험료 부과체계 개편방안은 소득

료(통합론자)는 서울문리대 정치학과 또는 사회학과 출신이다. 보사파동 이후 통합론자는 대부분 쫓겨 나게 되었고 조합론자는 보사부에 복귀하여 기획관리실장, 차관 등 요직을 지냈다.

17) Chosun Biz com, 2016. 2. 24

이 많은 사람은 더 많이 내고, 소득이 적은 사람은 적게 내는 사회보험의 원칙에 맞도록 보험료 부과 기준을 바꾸는 것"이라며 건강보험 부과체계 개편의 5대 방향을 밝혔다.

더 민주는 우선 건강보험 부과 상한선 폐지를 추진할 계획이다. 건강보험 부과 상한선이 폐지되면 추가로 보험료가 매년 1,318억원 정도 더 걷힐 것으로 보인다. 이 단장은 "현행 건강보험료는 보수나 소득, 재산이 보험료 부과 기준의 상한선을 초과하는 경우에도 추가부담이 발생하지 않아 고소득자 및 재산가에 유리하게 적용돼 형평성 문제가 발생하고 있다"고 설명했다.

또 건강보험료 부과 대상이 되는 소득의 범위를 현행 '근로소득'에서 '모든 소득'으로 확대할 계획이다. 더 민주는 건강보험공단 쇄신위원회가 추정한 규모에 근거해 양도, 상속, 증여 등 모든 소득에 대해 5.5%의 보험료가 부과하면 매년 3조 8300억원이 더 걷힐 것으로 추정하고 있다.

이어 단계적으로 재산이 아닌 소득 중심의 단일한 부과체계를 만들 계획이다. 기존에는 지역가입자의 경우 자동차 같은 재산도 보험료 산정에 반영돼, 직장가입자가 퇴직 후 지역가입자로 전환되면 보험료가 폭등하는 상황이 생기기도 했다.

다만 이 단장은 "소득 중심의 단일부과체계로 급격하게 전환하는 경우 보험료의 수입이 급격하게 감소하고 소득 파악을 위한 과세 인프라도 부족한 점을 감안해, 단계적으로 전환할 것" 이라며 "1가구 1주택 소유에 대한 보험료 배제, 재산기준의 상향조정 등 우선 재산에 대한 공제의 폭을 확대하면서 단계적으로 전환을 추진할 것"이라고 말했다.

더 민주는 또 직장가입자의 피부양자 기준도 강화할 계획이다. 현행 제도는 사업소득이 있거나, 연금 또는 금융 소득의 합이 각 각 연간 4000만원을 초과한 경우에만 피부양자에게 제외되도록 해, 고소득자도 피부양자도 무임승차하고 있다는 비판이 제기돼 왔다. 더 민주는 현행 건강보험 가입자의 40% 이상이 피부양자로 보험료를 면제받는 상황으로 보고 있다.

더 민주당의 총선 공약을 보면, 건보료의 부과원칙(사회보험과 단일한 소득중심 보험료 부과체계)이나 부과대상(모든 소득), 그리고 상한선 철폐는 우리의 주장과 동일하나 단계적 전환이나 4천만원 이상의 금융소득자를 피부양자로 제외한다는 방안은 우리의 주장, 즉 '소득이 있는 곳에 보험료가 있다'는 기본원칙에 어긋나는 것이다. 나머지 단서 조항은 걱정할 필요가 없다.

새정치 민주연합의 당명이 더불어 민주당으로 바뀌면서 비상대책위원회 대표가 김종인 전의원(외대 독어과, 뮨스터대 경제학 박사, 서강대 교수, 보사부 장관, 대통령 경제수석, 5선 국회의원)이 되었고, 그를 따라 김종대 전 이사장이 더민주당 정책위원회 부의장이 되어 '소득중심 보험료 부과체계 방안'을 다시금 주장할 수 있었다. 18)

2016년 6월 30일 더 민주당의 정책위원회(의장 변재일)는 '국민건강보험료 부과체계 세부개편방안'을 발표하였다. 그 주요내용은 다음과 같다. 19)

○ 더불어민주당 건강보험부과체계 TF를 이끌어 온 김종대 정책위 부의장(前 국민건강보험공단 이사장)은 개편안을 마련한 취지와 관련하여 "현행 건강보험료 부과기준이 사람에 따라 8가지의 차별적 기준으로 적용되고 있

---

18) 김종대 더민주당 대표와 김종대 정책위 부의장은 전두환 정권 시절에 청와대에서 전자는 경제수석 비서관, 후자는 경제 비서관으로 함께 재직한 적이 있다. 후에 전자는 보사부 장관, 5선 국회의원, 새누리당 국민행복추진위원장 등을 지냈으며, 후자는 보사부의 의료보험 국장, 기획관리실장, 한나라당 정책위 자문위원 등을 지냈다. 이들은 공통적으로 여·야를 넘나들면서 권력 추구형 정치인이다.

19) 더불어 민주당 정책위원회, 「공평하고 합리적인 건강보험 부과기준 어떻게 할 것인가?(공청회)」, 2016. 6. 30

어 원천적으로 건강보험료 부담에 있어 형평성과 공정성을 보장할 수 없다"고 지적하면서 "그 결과 보험료 부담을 둘러싼 민원이 폭발하여 제도의 수용성이 떨어지고 있을 뿐만 아니라 보장성을 높일 수 없는 근본원인이 되고 있는 등 우리나라 유일한 보편복지제도로서 존립이 심히 우려 된다."고 지적했다.

○ 또한 "현행 건강보험 부과체계는 이미 잘못 만들어진 법과 이론 때문에 초래된 것으로 결론짓고 양심과 실천 도덕의 차원에서 '동일 가입자 동등 대우'의 세계 보편 원칙에 부합하게 소득 중심의 단일 부과기준이 적용되도록 세부적인 개편방안을 마련했다고 밝히면서 그 개편방안을 체계적으로 조문화한 '국민건강보험법 개정안'과 '국만건강증진법 개정안'까지 개편방안에 담아 발표하였다.

○ 이 개편방안에 따르면 2015년 건강보험 재정중립(결산기준)을 유지하고 정부가 법정 지원의무를 이행한다는(보험료 예상수입의 20% 지원의무, 현재 15% 내외 지원) 전제에서 모의시험을 해볼 때, 2015년 보험료율(직장가입자) 6.07%는 4.79% 내외로 인하할 수 있다. (보험료부담이 현행보다 21% 정도 경감 추정)

○ 또한 개인별 소득 자료가 전부 확보되지 않아 정확한 가입자별 보험료 부담의 변동 상황 파악에는 한계는 있으나 대략 전체 세대의 90-95%는 보험료가 내려가고 5-10%의 세대는 올라갈 것으로 추정된다고 했다. 실직자, 노인, 농어민 등으로 구성된 지역가입자나 근로소득만 있는 직장가입자는 보험료가 현행보다 거의 전부 내려간다.

그러나, 소득이 있는 피부양자 세대나 다른 소득이 일정수준 이상 있는 직장가입자 등은 보험율이 4.792% 내외로 인하되어도 올라갈 수 있다.

현행 보험료 부담의 상한선은 사회보험의 기본 원리상 철폐되지 않고 현행대로 유지한다고 발표했다.

○ 이번 방안에 따르면, 보험료 부과대상 소득은 현행 보수(근로소득) 위주 소득에서 소득법세 등 국가가 정하는 모든 소득으로 하며 현재 재산, 자동차, 성, 연령 등을 기준으로 보험료를 부과하는 제도를 전부 철폐키로 했다.

이와 같이 더불어 민주당의 총선 공약은 보험료 부과체계를 소득중심으로 개편한다고 하면서 고소득 기득권자의 이익을 보장하는 상한제를 사회보험의 기본원리상 철폐하지 않는다고 하였다. 본인부담 보험료의 상한제 폐지를 거부한 것은 종전 당의 총선 공약과 다르다. 이것을 사회보험의 기본원리에 맞지 않는 다는 것은 잘못된 주장이며, 사회보험(건강보험)의 형평성과 사회기여(통합)에 어긋나는 것이다.

VI. 국민의당 건강보험료 부과체계 개편안

국민의 당은 20대 총선에서 ① 소득중심의 건강보험료 부과체계로 혁신하고 ② 금융소득 2천만원 이하 금융소득자에 대해서 건강보험료를 징수하며 ③ 직장가입자 피부양자의 자격기준을 강화한다고 하였다.

최근 국민의 당은 보도자료를 통하여 소득중심의 단일 부과기준을 적용하여 보험료율을 5.85%까지 인하할 수 있다고 하였다. 또한, 지역가입자의 건보료 부담을 완화하고 고액 자산가의 무임 승차를 없애는 건강보험료 부과체계 개편안을 발표하였다.[20]

---

20) 국민의 당 티스토리, 국민의 당 건강보험료 부과체계 개편안, 「보도자료」, 2016. 10. 3

1) 보험료 부담능력을 제대로 반영하지 못하고 이원화된 부과체계로 대상에 따라 보험료 부과기준 상이

- 서민중산층 자영업자의 부담이 과도하여 5만원 미만 보험료를 내지 못하는 체납세대가 90만 가구

- 저임금 직장가입자로 위장취업 등 보험료 회피를 위한 도덕적 해이가 만연하고 고액자산가의 피부양자 무임승자 등 문제 발생

- 퇴직 후 소득이 없음에도 불구하고 직장에서 지역으로 가입자격 전환세대 중 45.1%가 보험료 증가

- 2015년 기준, 연간 건강보험료 민원은 6,725만건에 달함

2) 소득 중심의 단일 부과기준 적용(전국민 통합부과체계)

-소득보험료; 부과대상 소득의 범위는 종합소득 및 2000만원 미만 금융소득 등(분리과세 소득)까지 확대하고 퇴직소득 등 1회성 소득(분류 과세 소득)은 제외

-기본보험료; 현실적인 소득파악의 한계를 고려, 생활수준별 세대 당 기본보험료 개념 도입

* 생활수준은 원칙적으로 세대합산 총 자산(부동산, 금융자산 등)을 반영하여 등급화

* 최소 3,204원(자산 無)~최대 160,180(과표자산 9억원, 주택실거래가 기준 약15억원 초과)

국민의 당의 개편안은 전 국민을 소득중심의 보험료 부과체계를 수립하고, 소득보험료는 종합소득과 금융소득에 부과하고 소득 파악이 어려운 경우 총 자산(부동산·금융자산)을 등급화하여 부과하겠다고 하였다. 또한 금융소득을 제한적으로 적용하고 피부양제에 대한 대책은 없다.

Ⅶ. 결 론

우리나라의 건강보험료 부과체계가 아직도 불공정하고 빈부 간 소득 역진성을 조성하고 있다. 해마다 많은 민원(2015년도 6천7백만건)이 제기되고 있음에도 불구하고 이것을 개선하지 못하고 있는 것이 민주공화국인가 하는 의문이 간다. 보험료 부과체계는 대통령령(시행령)에 근거하고 있다. 따라서 정부의 책임이다. 정부는 보험재정적자를 주장하면서 보험료율(현 6.5%)을 인상하였는데 야당안을 보면 소득 1% 이상의 요율을 인하할 수 있다. 부과제도를 잘 개선하면 재정적자는 없고 보장율(현 64%)도 높일 수 있는 것이다. 심지어 본인부담 30%도 조정할 수 있다.

건강보험료 부과체계의 문제점은 40여년 전 의료보험 통합론에서 제기 되었다. 당시 통합론을 반대한 조합론자, 즉 경제계와 언론 및 경제관료들은 이원화된 현 의료보험(공단의보와 조합의보)[21]을 지지하였다.

이에 반하여 통합론자는 본론에서 지적된 데로 사회보험의 목적(국민통합)과 원칙(소득비례)에 위배된, 불공정성, 비형평성 및 비효율성의 문제를 제기하고 공단의보와 조합의보가 통합된 일원화를 주장하였다.

그럼에도 불구하고 경제계(전경련)와 보수언론(조·중·동 등)의 강력한 로비와 여론조성으로 청와대는 통합론자인 보건사회부 관료들을 탄압하였다.

이러한 전철이 최근 국정과제를 해결하기 위하여 보건복지부가 주도한 소득중심 건강보험료 부과체계 개선과정에서도 일어났다. 보건복지부

---

21) 공무원·사립학교 교직원으로 구성된 의보공단과 기업 종사자와 자영업자로 구성된 의보 조합의 양립을 주장하고 정부는 의보공단의 보험료는 소득(보수)에 부과하고 의보 조합의 경우 소득이외 재산(보험료의 47.6%), 자동차, 성별, 가족 수 등에 보험료를 부과함.

가 개선기획단을 조직하고 보건복지부장관(문형표)이 마침내 그것을 폐기하였다. 폐기하게 된 배경에 대하여 ①불통설, ②질책설, ③정경유착설 등이 있으나 저자가 볼 때는 기본적으로 정경유착설이 타당한 것 같다.

40여년 전 의료보험 통합을 주장한 정치인들(김정례 장관, 이종찬 국회 여당 원내 총무, 최영철 국회 보사위원장)이 청와대에서 전두환 대통령에게 직접 건의하였으나 그는 뒤에 있는 윤성태 비서관을 전문가(경제 관료의 주장처럼, 복지망국론자)라면서 의료보험법을 일체 개정하지 말도록 지시하였다. 그 후 청와대 정무 2수석이 주도한 소위 보사부 파동이 일어났다. 왜 이런 일이 벌어졌을까? 저자가 볼 때는 특히 경제계(전경련, 경총)의 강력한 로비의 결과이고 정경유착의 산물이라고 본다. 22)

이번에도 거의 합의된 소득중심의 단일한 건강보험의 부과체계가 무산된 것은 경제계의 로비와 경제 관료의 입김 때문이라고 본다. 보험료 부과체계가 소위 소득중심으로 단일화되면 10%의 상층은 막대한 보험료를 더 부담해야 한다.23) 이들의 불만을 해소하기 위하여 다수의 국민이 희생되어야 하는 것이 대한민국의 현 주소이다.

최근 제기된 소득중심의 건강보험료 부과체계 개선방안은 20대 대통령직 인수위원회의 국정과제와 20대 여·야 총선공약에서 발견할 수 있다.

---

22) 당시 대기업체는 의료보험 단독 조합(153개)을 운영하였기 때문에 거기에서 발생된 적립된 보험료가 매년 약 300억~500억원을 활용할 수 있었다. 이에 대한 보상으로 전두환 대통령과 노태우 대통령은 대기업으로부터 각 각 비자금 3천 2백억원 이상의 비자금을 조성하였다.

23) 보험료 부과체계가 소득 비례제(상하한선 철폐)에 의하여 운영되면 현 상한제 연간소득이 4천만원이고 대기업 임직원의 연간 평균 보수가 약 9천만원 이상이기 때문에 노사는 막대한 인상된 보험료를 부담한다.(약 2배) 그런데 최근 언론이 미르 재단과 K스포츠재단이 한류문화 등을 위하여 청와대 안종범 경제수석과 전경련이 개입하여 삼성, 현대차, SK, LG, 포스코, 롯데, GS등 16개 대기업으로부터 480억원과 288억원을 모금하였다고 한다.

정부와 건보공단은 이것을 실현하기 위하여 개선방안을 마련하지만 실패하였다. 보건복지부와 건보공단 및 더 민주당이 만든 개선안(표1 참조)을 보면, 과거 통합론자의 것과 매우 유사하다. 다만 모든 소득에 보험료를 부과하자면서 상하한제와 피부양자 폐지에 대한 찬성론이 있고 (한복연과 새정치련) 나머지는 점진적 개선론을 주장하고 있다.

(표 1) 건강보험료 개안

	현행	한국복지 정책연구소	복지부 개선안	건보공단 쇄신위	더민주당	국민의당
총소득비례제	○(직장)	○	○	○	○	○
소득과표제	○	×				
재산가점제	○	×	○	×		○
피부양자	○	×	○	×	○	
상(하)한선	○	×			× / ○	
기타			정액제 (무고득자)	소비세부과		

(비고) 1) ○는 실시, ×는 폐지를 의미함
2) 더 민주당의 상한선 폐지론은 문재인 대표(이용섭 정책의장) 시안이고 유지론은 김종인 대표의 안이다.

그런데 보험료 본인부담 상·하한제 폐지론은 소득재분배와 형평성을 보장하기 위해서 필요하고, 동시에 상한제 폐지에서 현 보험요율(6.1%)에서도 막대한 보험재정을 창출할 수 있다. 그 뿐만 아니라 직장피부양자(건보대상의 40.8%인 2,044만명) 폐지, 그리고 봉급자의 재산이외의 소득에서도 많은 보험재정을 확보할 수 있다. 야당 안은 모두 1% 이상의 보험료율을 낮출 수 있다고 한다.

최근 건강보험공단 김종대 이사장이 여러 곳에서 이와 유사한 개선안을 열심히 주장하고 있는 것이 매우 돋보인다. 그는 청와대와 보건복지부에서 조합론을 주장하면서 소위 의보통합론을 박해한 장본인이다.

그럼에도 불구하고 통합론자의 주장인 소득중심으로 건강보험 통합

일원화를 주창하고 있는 것에서 그의 양심선언을 보는 것 같다.

우리나라의 10%도 안되는 권력지배층, 소위 기득권 세력이 자기의 추가 보험료 때문에 소득중심 보험료 부과제도를 반대한다는 것은 사회갈등과 국민분열을 부추기는 것이다. 국민의 불만(민원)이 증가된다면 빈부 간 사회갈등이 심화되고, 소위 계급전쟁이 일어나게 된다.

출처 ; 한국복지정책연구소, 「사회정책연구」, 제 47집. 2016. 10

< 부론 2 >

노인요양보험의 문제점과 과제

노인요양보험의 기본 요강을 보면, 이것이 과연 필요하고 타당한가에 대한 근본적인 회의를 가지지 않을 수 없다. 그 중요한 문제를 다음에 제시하여 본다.

첫째, 노인요양보험이 매우 시급한 과제라고 하는데 과연 필요한가이다.

둘째, 노인요양보험을 사회보험방식으로 운영하겠다고 하는데 이것은 사회보험이 아니다.

셋째, 노인요양보험의 관리운영 주체를 국민건강보험공단으로 하고 건강보험(의료보험) 등과 연계하겠다고 하는데 과연 그것이 타당한가이다.

넷째, 노인요양서비스는 의료서비스가 아니라 보호서비스가 그 핵심이다.

다섯째, 노인요양서비스에 필요한 자원동원이 단기간에 가능한가?

이러한 문제 중에서 노인요양보험의 필요성은 생략하고 그 문제점(과제)을 고찰한다.

1. 노인요양보험은 사회보험이 아니다.

노인요양보험이 사회보험이 되기 위하여서는 첫째로 그 적용 대상 즉 요양(care) 또는 피요양자가 사회적 위험(예컨대 빈곤, 질병, 실업 등)이 있어야 하고, 둘째로 기여제도라야 하며 셋째로 보편주의와 재분배 효과가 있어야 하며, 넷째로 그 책임은 국가(정부)에 있다는 것이다. 그런데 이러한 세가지 원칙에 위배되면 사회보험이 되기 어렵다.

첫째, 노인요양보험의 대상은 신체적으로나 정신적으로 질병 또는 장애로 장기적인 요양보호(long-term care)가 필요한 사람이다. 신체적 정신적 질병이나 장애는 의료보험의 적용 대상이 되지만, 요양보험의 적용대상이 되기 어렵다. 그로 인한 장기 요양보호는 사회적 질병은 아니다. 요양보호는 일차적으로 가족 또는 개인이 책임을 질 일이다. 따라서 가족보호(부양)의 기능을 극대화 시키는 노력(가족수당이나 가족부양제)이 선행되어야 한다. 최근 가족해체를 조장하는 일련의 노력(가족법 및 연금법의 개정 등)을 하면서 주로 중산층(맞벌이)의 이익을 도모하는 요양보험을 마련하는 것은 문제가 있다. 비록 사회적 질병이 아닐지라도 사회적 합의가 이루어진다면 사회(요양)보험의 적용대상이 될 수 있으나 이것은 사실상 어렵다.

둘째, 노인요양보험의 원리는 사회보험처럼 기여제도(contribution system)라야 한다. 기여제도는 사보험과 달리 이타심에 의하여 기부하는데 대개 노사 뿐만 아니라 정부도 기여해야 한다. 다시 말하면 소위 보험료는 노・사・정의 3자 부담이어야 한다.

셋째, 노인요양보험의 적용대상이나 급여서비스에 있어서 차별성이 있어서는 안된다. 보험료를 내면서 45세 미만은 급여 대상에서 제외하거나 급여서비스를 시기별, 계층별, 등급별 등 차등 실시하는 것은 잘 못된 것이다. 즉 노인요양보험의 운영을 보편주의 원리에 기초하지 않고 선별주의에 기초해서는 안된다.

한편, 사회보험에 있어서 보편주의 원리가 적용 안되면 소득의 재분배 기능이 이루어지기 어렵다. 따라서 현 노인요양보험체계는 선별주의라서 재분배 기능이 없다.

넷째, 노인요양보험의 관리운영 주체를 국민건강보험공단에 두고 기초자치단체 '시 · 군 · 구'의 행정적 지원을 받는다고 하는데 이러한 이원화된 운영주체의 성격상 그 공적 책임과 실효성의 문제가 야기될 것 같다. 사회보험의 운영주체는 국가(정부)가 되어야 한다. 그런데 이것을 특수법인에 위임한다는 것은 무책임한 것이다. 더욱이 노인요양보험이 건강보험이 아니고 오히려 사회복지서비스(노인복지서비스)이다. 이러한 경우 노인요양서비스는 국고 지원을 받는 지방자치단체의 행정업무이다.

2. 노인요양보험은 건강(의료)보험과 분리되어야 한다.

정부는 노인요양보험을 건강보험 등 사회보장제도와의 연계성을 고려하겠다고 한다. 노인요양서비스는 의료서비스가 아니라면 이것을 연계시킬 명분이 없다. 더욱이 노인요양서비스가 사회복지서비스라면 중앙정부의 일을 지방자치단체에 맡겨야 한다. 그래서 노인복지서비스는 선진국의 경우 지방자치단체의 책임이다. 만약 노인요양보험을 건강보험과 연계시키면, 운영주체, 적용대상, 급여서비스, 비용부담 등에 많은 문제점이 생긴다. 건강보험의 특히 비용부담에 있어서 아직도 보험료 부과체계가 통합되어 있지 못하고, 더욱이 건강보험 노인요양보험의 자부담율 약 56%가 되고 소득이 거의 없는 요보호노인의 자부담율이 20% 이상이 되면 거의 요양서비스를 이용하지 못하게 된다. 이것은 빛 좋은 개살구격이다. 건강보험이 직장과 지역간 분리되어 있는 상태에서 노인요양보험의 공정성과 형평성의 시비가 존재할 수 있다.

3. 노인요양서비스는 보호서비스이다.

노인요양서비스는 ① 시설보호서비스와 ② 재가보호서비스로 크게 구분할 수 있다. 일본 및 한국의 노인요양서비스는 다음 < 표 1 >와 같다.

< 표 1 >를 보면, 노인요양서비스의 개념이 독일의 경우 의료서비스

를 배제하였지만, 일본과 한국의 경우 방문간호, 방문재활 등 아주 간단한 의료서비스를 포함시키고 있다. 따라서 일본과 한국의 노인요양서비스는 시설보호와 재가보호가 그 핵심임을 알 수 있다.

< 표 1 > 한국, 일본, 독일의 노인요양서비스

	한국	일본	독일
시설보호	1.요양시설 2.전문요양시설 (치매 및 중풍)	1,특별양호노인홈 2.노인보건시설 3.요양형 병상 4.치매질환 요양병동	1.단기 요양시설 2.장기 요양시설 3.주간,야간 요양시설
재가보호	1.방문간병,수발 2.방문목욕 3.방문간호 4.방문재활 5.주간보호 6.단기보호 7.요양관리지도 8.복지용구대여 구입지원 9.그룹홈 10.요양서비스계획 작성지원	1.방문개호 (home helper) 2.방문목욕서비스 3.방문간호 4.방문및재활서비스 5.거택요양관리지도 (의사방문) 6.주간보호 7.단기입소보호 8.치매성그룹홈 9.유료 노인홈 10.복지용구 대여 및 구입지급 11.주택개보수비 지원	1.현물급여 2.현금급여 3.보호보조서비스 4.보호강좌 5.보호담당자의 사회적 보장

노인요양서비스가 주로 시설보호서비스와 재가보호서비스라면 이것은 건강보험과 연계할 이론적 근거가 없으며 이것은 오히려 사회복지서비스의 개념이다. 따라서 사회복지사업법과 노인복지사업(법)을 개정하여 노인요양서비스를 추가하면 될 것이다.

4. 노인요양보험은 과연 누구를 위한 것인가?

정부가 제안한 노인요양보험은 전술한 바와 같이 선별주의적이라서 소득의 재분배 효과가 없다. 소득재분배의 효과가 없다는 것은 잘 사는 사람(노인)이 이득을 보고 못사는 사람이 손해를 본다는 것을 의미한다. 일본의 공적 개호보험의 경험에서 알 수 있는 바와 같이 젊은 세대는 보험료를 내고 노인만 혜택을 받으며, 또한 중산층 이상이 개호보험의 혜택을 독점하고 있다는 것이다. 우리나라에서도 잘 사는 사람의 평균수명이 못사는 사람에 비하여 약 1.7배가 길고, 따라서 잘사는 사람은 성인병 등으로 치매와 중풍 등으로 오랫 동안 요양서비스를 받을 수 있다.[24]

이러한 현상은 과거 의료보험의 통합 일원화 되기 전에 잘 나타났다. 즉 전국민 의료보험이 이루어지지 않았을 때는 제외된 농어촌 자영농민 등이 손해를 보았고, 비록 직장의료보험 안에서도 생산직 근로자는 사무직, 관리직에 비하여 소득의 역진성이 나타났다. 최근 건강보험은 비록 통합되었다고 할지라도 실제로 직종별 분립체계와 상이한 보험료의 부과체계로 운영을 하고 있기 때문에 최근 조사자료가 없어서 알 수 없으나, 이것과 연계된 노인요양보험을 운영하게 되면 이러한 의구심을 버리기 어렵다.

한편, 노인요양보험의 급여시 20%의 요양비와 식비 등이 자부담이고, 또한 한도액 이상은 자부담이라고 하는데 실질적으로 자부담율은 30%이상이 될 것이다. 현행 의료보험의 자부담율이 약 56%이고 요양보험의 자부담율이 30%이상이 되면 가난한 노인층은 건강보험과 노인요

---

24) 최근 보건사회연구원의 조사에 의하면, 소득, 학력, 직업 등의 차이가 사망률에 큰 영향을 미치고 있다고 한다. 즉 소득 50만원 이하의 사망률은 소득 250만원의 경우에 비하여 2배 이상의 차이가 나고 초등학교 학력은 대학 학력에 비하여 1.7배, 육체 노동자는 비육체 노동자에 비하여 2.7배, 임시 · 일고는 고용주에 비하여 3.0배, 자영자의 경우 1.5배의 사망률이라 한다.

양서비스(특히 보호시설)을 이용하기 어렵다. 결국 중산층 이상이 노인요양서비스를 받게 된다.

5. 정부는 노인요양보험에 재정지원을 해야한다.

정부는 노인요양보험을 실시하는 경우 막대한 재정지원이 필요하다.

첫째는 노인요양보험의 재원조달을 건강보험료 부과체계에 따라 징수하고 정부는 건강보험 수준으로 재정을 지원할 예정이다. 이러한 경우 노사간 부담하는 보험료와 이용자 본인 부담에 의하여 주로 운영하겠다는 것이다. 왜냐하면 2005년 직장건강보험의 경우 정부지원이 거의 없으며(지역 건보의 경우도 35%로 하향 지원 함) 관리운영비도 100%에서 35%로 감소되었다. 이것을 보면 노인요양보험도 수익자 부담 원칙 또는 재정중립의 개념으로 지원하게 될 같다.

둘째는 노인요양보험을 실시하는 경우 많은 보호시설(매년 100개 공공시설 설치)과 전문 인력(2010년 까지 케어 매니저 3,813명, 홈 헬퍼 51,955명)이 필요하다. 특히 보호시설을 확충하는데 필요한 비용은 민간자원에 의존하기는 어렵고 거의 대부분 국고와 지방비에 의존하게 될 것이다. 특히 지방자치단체가 보호 시설을 신축하여야 될 터인데 지방재정의 자립도가 약한 경우(대부분 시・군・구) 매우 어려운 것이다.[25] 정부가 제시한 80~100명의 보호시설을 매년 100개 신설한다면 이것만으로도 매년 2천억원 이상이 소요될 것이다.

---

25) 지방자치단체의 재정자립도는 다음과 같다.

지자체의 재정자립도(2005년)

	전국	특별시	광역시	도	시	군	자치구
평균	56.2	95.0	67.5	36.6	40.6	16.5	44.3
최고		95.0	72.6	70.3	70.2	51.9	92.6
최저			54.6	11.9	12.8	6.9	17.7

(자료) 행정자치부, “지방재정현황”, 2005. 4

일본의 전형적인 보호시설은 특별양호노인홈인데 아직도 이 시설의 입소 대기자는 약 3~4배가 된다고 한다. 장차 우리나라에 사회복지시설의 천국이 될까 걱정이다. 그리하여 일본의 노인보호서비스는 재가복지서비스가 핵심이고 시설보호를 예방하기 위한 개호사업이 시 · 정 · 촌 사회복지서비스의 핵심이 되어 있다. 특히 우려되는 것은 노인요양보험제도와 보호시설이 존재함으로서 오히려 새로운 시설보호수요(요보호자)를 막대하게 창출할 가능성이 있다. 이것은 예방해야 한다.

출처; 「사회정책연구」 제 47집, 2016 게재

< 찾아 보기 >

< 저자 소개 >

서울대학교 사회학과 졸업(학사, 석사, 박사)
서울대, 고려대, 연세대, 이화여대 강사
하버드 대학교 사회학과 수학(하버드 옌칭 객원교수)
국무총리실, 보건복지부, 총무처 정책자문위원위원
중앙공무원 교육원 겸임교수
한국사회학회 회장, 한국사회복지학회 회장
한국복지정책연구소 소장, 이사장
중앙대학교 문과대학 교수, 학장, 부총장, 명예교수

< 주요 저서 >

현대사회학 (고헌출판부, 2001)
사회복지학 (고헌출판부, 3차개정 2006)
사회정책 (한복연 출판부, 개정증보판 2013)
현대사회계층론 (한복연 출판부, 1982, 1999)
한국사회계층연구 (일조각, 1982)
한국중산층연구 (중앙대 출판부, 1998)
자주적 사회복지론 (한복연 출판부, 2003)
한국사회보험개혁론 (한복연 출판부, 2006)
한국권력지배층연구 (고헌, 2009)
한국자본가계급연구 (고헌, 2012)
조선지배층연구 (일조각, 1977/고헌, 2002)
조선·한국 신분계급사 (고헌, 2013)

복지개혁론 <가격 : 22,000원>

2017년 3월 02일 인쇄
2017년 3월 10일 발행

저 자 : 金 泳 謨
발 행 처 : 고헌 출판부
서울특별시 동작구 흑석로 11길 43
등록 2000년 1월 27일 제 17-316호
연락처 : TEL 824-3127/3132 FAX 824-3128
ISBN 978-89-90435-29-3